삼족오

三足烏

삼족오(三足烏): 고대 신화에 나오는, 태양 안에서 산다는 세 발 달린 상상의 까마귀.

삼족오

초판 1쇄 발행 2021년 5월 15일

지 은 이	황종구
발 행 인	권선복
편 집	유수정
디 자 인	최새롬
전 자 책	오지영
발 행 처	도서출판 행복에너지
출판등록	제315-2011-000035호
주 소	(157-010) 서울특별시 강서구 화곡로 232
전 화	0505-613-6133
팩 스	0303-0799-1560
홈페이지	www.happybook.or.kr
이 메 일	ksbdata@daum.net

값 17,000원
ISBN 979-11-5602-875-8 03200

Copyright ⓒ 황종구, 2021

도서출판 행복에너지는 독자 여러분의 아이디어와 원고 투고를 기다립니다. 책으로 만들기를 원하는 콘텐츠가 있으신 분은 이메일이나 홈페이지를 통해 간단한 기획서와 기획의도, 연락처 등을 보내주십시오. 행복에너지의 문은 언제나 활짝 열려 있습니다.

삼족오
三足烏

문헌을 토대로 고찰한 가장 잘 사는 이야기

세상아! 도(道)를 말해 주랴?

황종구 외치다

도서
출판 **행복에너지**

나는 은도 금도 없습니다.
그러나 내가 가진 것을 당신에게 주겠습니다.
(사도행전 3:6)

차례

제1장
나는 누구인가?

제2장

삶이란 무엇인가?

제3장

한민족의 삶

제4장

배달민족의 도(道)

제5장

살아있는 도(道) – 그리스도

제6장
삶을 어떻게 살아야 하나?

제7장
단상

서시(序詩)

태고의 신비가
쏟아지는 밤하늘.

은하수 건넌
별똥별 떨어진다.

어디서
무얼 하러 왔나?

뜬금없이 와서
속절없이 사라진다.

한 번뿐인
우리들의 삶.

스러진 별처럼
찰나에 지나가니,

왔다 가는

까닭 모를 허망함.

별 지는 순간
소원을 빌어본다.

한님!
알려 주소서.

머리말

『삼족오』는 인간과 그 삶을 고찰하여 사람이 가장 잘 사는 방법을 탐구한 책이다. 내 안에는 세속적인 '나'와 거룩한 '나'가 함께 들어 있는데, 대부분의 삶을 근심과 걱정이 많은 세속적인 '나'에 이끌려 살아간다. 그러던 어느 날 거룩한 '나'가 잠에서 깨어나,

"난 누구지? 어디서 와서 어디로 가지?"라고 물어 오는데….

필자는 "나는 누구인가?"라는 인간 본연의 문제를 한민족의 역사와 신앙에서 찾아보았다. 나를 알려면 우리 조상의 삶과 신앙에서 찾아보는 것이 가장 이치에 합당하다고 생각되어, 우리 민족의 신화와 천부경, 삼일신고, 한단고기 등의 경서, 그리고 그리스도교의 성경을 통해서 그 해답을 찾아보기로 하였다.

인류의 시원을 찾아 오르다가 단군신화에서 한웅을 만났다. 단군의 아버지 한웅에 대한 의문이 용솟음치듯 크게 일어나자 그에 관한 정보가 여러 형태로 들어왔다. 그것은 마치 기다렸다는 듯이 차례로 들어와 나의 탐구심을 강하게 증폭시켰다. 이때 성경의 창세기에 하느님의 아들들도 눈에 띄었다. 세상은 그들을 네피림 또는 느빌림이라 부르며 여러 정황을 들어 하늘에서 내려온 타락한 천사라고 추측하였다. 전에는

무심코 지나쳤던 이들이 새삼스럽게 내 곁에 다가와 한동안 떠나질 않았다.

　이렇게 거부할 수 없는 그 무엇에 이끌려(필자는 이를 성령의 작용이라 믿는다) 끊임없이 일어나는 의문과 때맞춰 얻게 된 지식과 영감을 조금씩 정리해 보았다. 이 과정에서 한민족의 신화와 성경 창세기의 내용이 같은 점을 발견하고 이를 대조한 결과, 그리스도교와 우리 민족 신앙이 한 뿌리임을 인식하게 되었다.

　두 민족의 신앙을 비교하자 비로소 안개에 가려진 인류의 문화가 본모습을 드러내고, 우리 민족의 심오한 경전이 숨긴 뜻을 내비쳤다. 이 과정에서 필자는 다음의 명제를 발췌하고 새로운 각도에서 조명해 보았다. 이 명제들은 주로 인류가 추구하는 도(道)에 관한 상징물과 경전 그리고 기도문 등이다.

　1) 한님의 아들들
　2) 우로보로스
　3) 천부경
　4) 삼일신고
　5) 홍익인간
　6) 삼족오
　7) 도(道)
　8) 주기도문

위에 발췌한 사항 중 대부분의 항목은 문헌을 토대로 새롭게 규명하고 정립한 필자의 주관적 이론임을 밝힌다. 필자의 논고대로 배달민족의 역사에서 삶의 지혜를 찾게 되면, 한님의 백성으로서 평화가 충만한 삶을 만들어 조상 대대로 꿈꿔왔던 홍익인간을 이룰 것임을 확신한다.

길목에 서서

한님께서 사람을 만물의 영장으로 삼으시고, 말과 더불어 상상력을 주시어 인간의 지적 활동에 큰 날개를 달아 주셨다. 우리는 그 상상력으로 인간의 삶을 규명하여 돌아가는 길을 찾을 수 있게 되었다. 필자의 상상은 한님의 아들들로부터 시작한다.

> 「땅 위에 사람이 불어나면서부터 그들의 딸들이 태어났다. 하느님의 아들들이 그 사람들의 딸들을 보고 마음에 드는 대로 아리따운 여자를 골라 아내로 삼았다.」(창세기 6.1-2)

하느님의 아들들이 사람의 딸들을 마음에 드는 대로 취했다는 이 성경 구절이 나의 상상력을 자극하였다. '한님의 아들(天子)들이 무엇 때문에 땅에 내려와, 왜 점령군처럼 사람의 딸들을 마음대로 취했는가?'라는 이 의혹이 세인들의 관심을 끌었다. 그래서인지 세상 사람들은 성경 구절을 근거로 삼아 그들을 타락한 천사라고 말한다. 그러던 어느 날 나는 대한민국 역사의 발원지에서 한님의 아들을 발견하였다. 그곳에서 한님의 서자 한웅을 만나보게 되니, 그는 결코 타락한 천사가 아니라 사람에게 홍익인간의 사랑으로 문화를 펼치고 문명을 꽃피게 한 장

본인이었다.

이 세상 모든 민족의 건국신화에는 대부분 한님의 아들들이 등장하지만, 그들의 역할과 업적을 자세히 밝힌 나라는 없다. 필자가 본 신화 속 한님의 아들들은 사랑과 모험 그리고 싸움을 좋아하는 영웅의 이야기로 그려지나, 원시 인류의 생활양식을 바꾸고 문명을 일으킨 그들의 업적은 전하지 않고 있다.

이렇게 한님의 아들들에 대한 인류의 무지와 무관심이 그들을 지우고 있다. 오히려 타락한 천사라는 누명을 씌워 한님의 권능과 영광마저 훼손하고 있다. 성경에서조차 고작 예쁜 여자를 탐내어 거인을 낳았다는 이야기만 몇 구절 전하고 있을 뿐이다. 그러나 다행스럽게도 배달민족의 단군신화에는 '한웅'이란 이름과 더불어 그분의 업적을 소상히 전하고 있다. 한웅의 존재와 그가 펼친 업적은 필자를 생각하는 사람으로 만들었다. 나는 이 고찰로 저 높은 곳까지 상상의 날개를 펼치어 한님을 더 가까이 뵈올 수 있는 계기가 되었으니 말이다.

한님의 아들들을 규명하는 일은 아주 중요하다. 이 일은 성경의 창세기와 우리 한국(還國, 桓國)의 신화가 역사적 사실임을 증명하는 일이며, 한님의 창조 계획이 무류함을 밝히는 일이기 때문이다. 한님의 아들들이 인간 세상에서 살다 갔기 때문에 역사와 문헌, 유적과 유산 그리고 제천의식 등을 살펴보면 어느 정도 그들의 자취를 찾아볼 수 있을 것이다.

필자가 고찰하여 얻은 한님 아들들의 정체는 기존의 통설과 상반되는 것이기 때문에 그간의 노력으로 얻은 결과를 이렇게라도 남기지 않을 수가 없다. 전지전능하신 한님의 종인 천사가 무더기로 타락했다는 것은 한님의 권능을 무시하는 일로서 결코 있을 수 없는 일이며, 이에 따라서 한님의 아들들에 대한 인식도 마땅히 바꿔야 할 것이다.

『삼족오』는 비록 적은 분량이지만 태초부터 지금까지 인간 삶의 큰 주제를 간략하게 다루려고 노력하였다. 미흡하지만 지력을 다한 필자의 소견을 이렇게 보이는 것은 한님의 은총이며, 여러분도 이곳에서 한님의 서자 한웅을 만나게 되면 배달민족의 큰 긍지와 자부심을 느끼게 될 것이다. 보잘것없는 식견과 졸필로 쓰인 이 글이 모쪼록 독자 제현의 지식과 영성을 더해 온전히 이해되길 바란다.

한님(桓因)

이 세상 모든 민족과 나라에는 신(神)이 존재하고 각각 고유의 이름이 있다. 우리 민족에게도 세상을 만드신 신이 있는데, 우리는 그분을 '조물주 한님'이라 부른다.

'한님 맙소사!' 이 짧은 기도문에서 볼 수 있듯이 '한'은 순 우리말 신의 이름이다. 우리 민족의 오래된 역사서 단군기에 「오로지 임금님은 '한'이시며 가장 높은 곳에 계신다. 하늘과 땅을 만드시고 전 세계를 주재하시며 한없이 많은 사물을 만드시니.」의 구절이 있다.

「惟皇一神 在 最上一位 創 天地 主 全世界 造 無量物」

또한, 고려 초 대진국(발해) 황태자 '대광현'이 가지고 온 민족의 역사서 조대기(朝代記)에도 「옛적에 한님(桓因)이 계셨나니 하늘에서 내려와 천산에서 사시면서…」라고 환(桓)자와 인(因)자로 배달민족의 神을 표기하였고, 삼국유사에도 석유한국(昔有桓國 - 옛날에 한님 나라가 있었다)의 기록이 보임으로 한(桓)은 순 우리말의 신칭이다. 참고로 환(桓)은 우리말 '한'을 표기하기 위해 한자에서 찾아서 쓴 글자이다. 그러므로 한글이 없었을 때 한님은 환(桓)과 인(因)의 한자를 사용해 표기한 것이다. 그런 연유로 앞으로 쓰게 될 환웅(桓雄)을 한웅으로, 환국(桓國)을 한국으로 표기하겠다.

'한님'의 '한'은, 하나(一), 크다(大), 하늘(天)의 뜻이 있고, 높다, 완전하다, 가득, 같다, 대략, 어떤 등의 뜻을 포함해 모든 피조물 안에 들어있는데, 바로 이 전부(all)인 '한'에 '님'자를 붙인 것이 바로 배달민족의 '한님'이시다. 130여 년 전 기독교 선교사들이 그들의 신 여호와를 우리에게 전교할 때, 우리에게 한님이라는 유일신(唯一神)이 있다는 것을 알고 그 이름을 차용하였다고 한다. 기독교에서 야훼 또는 여호와를 하느님이나 하나님으로 부르는데 이는 모두 '한님'에서 파생된 명칭이다. 즉 하느님과 하나님의 어원은 '한님'이다.

천주교와 개신교에서 한님의 뜻을 일부분씩 취해 하느님(하늘에 계시기 때문)과 하나님(오직 한 분이시기 때문)으로 나누어 부르지만, 본시 한님은 이 둘의 뜻도 다 포함한 하늘에 계신 크고 유일한 분이시다. 배달민족의 한님을 한글로 적시한 것이 있는데, 이는 기독교가 전래하기 훨씬 이전인 약 400여 년 전 박인로의 '노계가' 뒷부분에서 찾아볼 수 있다. 다음은 '노계가'의 일부 구절이다.

시시로 머리 들어 북진을 바라보고
남모르는 눈물을 천일방에 디이나다.
일생에 품은 뜻을 비옵니다. ᄒᆞᄂᆞ님아.

노계 박인로는 고서에 자주 등장하는 일신(一神)을 ᄒ나님으로 직역하였다. 하나가 신이 된 순간이었다. 우리말에는 하나 둘 셋 등의 숫자에 님의 접미사를 붙이는 예는 없다. 하나뿐인 분이라서 하나님이라고 부르게 되면 자칫 모든 사람이 다 특정한 누구로부터 하나님이 될 수 있기 때문이다. 어느 가문의 외아들에게 시집온 서울 며느리가 있다면, 동네 사람들은 그 가문에 하나뿐인 며느리를 부를 때 '하나 댁'이라 부르지 않고 '서울 댁'이라고 부른다.

이와 마찬가지로 어법상으로는 하나님이 아닌 하느님이 맞다. 하느님은 하늘 님에서 '리을(ㄹ)'이 탈락한 말이다. 그러나 하느님 역시 한님을 표현하기에는 부적절하다는 것이 필자의 견해다. '한'의 무궁무진한 뜻을 하늘에만 국한하고 있기 때문이다. 자칫 서울 댁이 여러 명이 있는 것처럼 하늘 님도 여럿이 있을 수도 있다. 하늘에는 한님을 비롯해 천사들과 무수한 성인 성녀가 있기 때문이다.

'한님'은 우리 민족이 처음 형성될 때부터 써내려 온 고유한 신칭(神稱)이다. 그러므로 하느님 혹은 하나님의 잘못된 표기는 하루속히 고쳐져야 할 것이나 이미 써왔던 명칭을 하루아침에 바꾸기도 난망할 것이다. 그러나 언젠가는 바뀌기를 간절히 바라는 것은 우리 민족이 대대로 섬겨온 한님의 이름이기 때문이다. 여기에서는 배달민족의 한님과 성경의 하느님을 시의적절하게 병기하겠다.

　　　　　　　　　　　　　　　　　　　　　　　한님(桓因)

제1장

나는
누구인가?

나는 누구인가?

나는 누구인가?
어디서 와서 어디로 가는가?

누구나 한 번쯤
자기 자신에게 물어본다.

이것은 육신이
나고 죽는 걸 묻는 게 아니다.

이것은 영혼이
오고 가는 것을 묻는 것이다.

잠에서 깨어난 영혼이
길 잃은 당신에게 묻는 말이다.

소크라테스가 이 소리를 들었고,
공자와 석가도 이 물음에 길을 떠났다.

당신은 누구인가?

어디로 무엇을 찾으러 가는가?

환희

어슴푸레한 동녘 하늘
쫓기는 그믐달이 빛을 잃고 스러질 무렵.
나는 무릎을 치고 하늘을 날듯 기쁨에 겨웠다.

아하!
셀 수 없이 많은 밤을 지새우게 했던 번뇌가 씻은 듯 사라지고
오늘,
먼동이 터지는 이 새벽.
나의 머리는 맑아지고 가슴엔 벅찬 희열이 샘솟았다.

만고의 세월을 넘어온 한(桓)의 아들을 만났기 때문이다.
이 한의 아들이 내게 태고의 신비를 보여줄 줄이야!

나의 고찰이 이 신비에 있고,
이 길이 나의 길임을 깨닫는 순간,
나는 형언할 수 없는 기쁨에 넘쳤다.

내가 갈 길이 눈앞에 장대하게 펼쳐지고
저 길 끝까지 정진해야 할 이유가 생겼기 때문이다.

나의 길을 찾게 된 것이
이렇게 큰 기쁨이 되는구나!

나는 누구고,
삶은 무엇이며,
또 어떻게 사는가를 알게 되면,
당신도 분명 가슴이 터질듯한 환희를 맛보게 될 것이다.

개벽(開闢)

세상이 열리기 이전에,
사람도 땅도 하늘도 없었을 때.

시간조차 없었던 그때,
스스로 존재하신 한님(桓因)께서

허(虛)도 공(空)도 아닌 무(無)에다
열두 개의 시간을 흘리셨다.

열두 개 시간은 생겼으나
아무런 모양은 없었다.

그러자 한님께서
시간의 처음과 끝을 잡으셨다.

시간의 처음과 끝을 이으시니
둥근 꼴이 생겨났다.

드디어 시간(宙)을 테두리 한
공간(宇)이 생겨났다.

이렇게 없음(無)에서
있음(有)이 생겨나고

時空으로 이루어진 세상은
비로소 '한 처음'이 시작되었다.

시간과 공간

　집을 지을 때는 금 목 수 화 토의 물질적 재료에, 가로 세로 높이 넓이 등의 추상적 수리(數理)를 적용해서 짓는다. 세상도 물질적 공간과 추상적 시간으로 만들어졌는데 우리는 이것을 우주라고 부른다. 우주는 천지 사방(天地四方)의 공간 개념인 우(宇)와 고금 왕래(古今往來)의 시간 개념인 주(宙)의 합성어다.

　무(無)는 시(時)도 공(空)도 허(虛)도 아닌 아무것도 없음을 말한다. 스스로 존재하신 한님께서 말씀을 내리시자 아무것도 없음에서 열두 개의 시간이 생겨났다. 열두 개의 시간이 생겼으나 공간은 없었다.

　그러자 한님께서 시간의 처음인 알파와 끝인 오메가를 맞잡으셨다. 시간의 처음(A)과 끝(Ω)을 맞잡아 묶으시니 시간을 울타리로 한 공간이 생겨났다. 시간과 공간이 생긴 이때가 세상의 '한 처음'인 개벽(開闢)이 된다.

　세상은 시간이 가는 게 아니고 공간이 시간을 따라 도는 것이다. 쳇바퀴가 시간이라면 그 안의 개미는 공간인 물질이 된다. 시계가 고장이 나면 열두 개의 시간은 그대로 존재하지만, 바늘은 움직임을 멈춘다.

그래서 세상은 3차원 안에서 존재한다.

인류의 고대문명 속에 수수께끼의 문양인 〈우로보로스〉가 있다. 우리 배달민족에게도 우로보로스 모양의 팔찌가 유물로 전해지고 있다. 이 우로보로스는 자기의 꼬리를 물고 있는 뱀의 그림으로 세간의 해석이 다양하다.

세간의 여러 해석과 달리 필자는 우로보로스가 한님이 창조하신 세상을 표현한 그림으로 생각한다. 시작인 머리와 끝인 꼬리가 맞물린 우로보로스는 시간의 울타리고, 그 울타리 안은 우리가 머무는 공간으로 생각되었기 때문이다.

우로보로스

이 생각은 배달민족의 경전 천부경(天符經)의 맨 앞 구절인 일시무시일(一始無始一)과 맨 끝 구절인 일종무종일(一終無終一)의 내용으로 더욱 확고해졌다. 나중에 다시 다루겠지만 천부경은 천(天) 지(地) 인(人)의 창조와 삼라만상이 수의 법칙 안에서 이루어지고 운용되는 섭리를 총 81자의 글자로 설명한 우리 배달민족의 경전이다.

이 천부경을 처음 접했을 때 나는 우리 배달민족의 신앙에 경이로움을 느꼈다. 인간이 천지창조를 알게 된 것은 한님의 아들들이 일러주어서 알게 된 것이다. 한님의 아들들이 아니고서 그분께서 하신 일을 인간이 어떻게 알 수 있겠는가? 우리 한민족은 한님의 서자 한웅이 가르치고 단군이 전해 줘서 비로소 알게 되었다.

창조

한 처음, 스스로 존재하신 분께서 시간(宙)의 처음과 끝을 묶어 공간(宇)을 만드셨다. 아무것도 없는 것에서 시간과 공간으로 세상을 만드신 그분이, 어둠으로 가득 찬 세상에 빛을 내시고 또다시 말씀을 내리시자, 혼돈은 하늘과 땅과 바다로 분별되고 끝 모를 창공에는 태양과 달과 무수한 별들이 뿌려졌다.

창공의 모든 별과 이 땅은 그분의 절대 권능에 순응하고 질서 있게 움직이고 있다. 그분은 별을 만들기도 하고 없애기도 하신다.

아주 오래전 우리 배달민족은 그분을 조물주 '한님'이라고 불렀다. 창조주 한님은 "땅에서 푸른 움이 돋아나거라!" 하시어 풀과 나무로 참 좋게 꾸미시고, 보이지 않는 미생물에서부터 커다란 공룡에 이르기까지 다양하고 다채로운 삶의 신비를 시작하게 하셨다.

이 땅에는 걷거나 날거나 탈바꿈하거나 헤엄치는 모든 피조물이 그분의 말씀에 따라 삶과 죽음을 반복하며 번성하였다. 그러다가 지상을 누비던 공룡과 대부분의 피조물이 갑자기 도래한 빙하기에 멸종을 당하는 죽음의 신비가 일어났다.

인류의 조상 호모사피엔스

한님께서 얼어붙은 땅을 녹이시고 새로운 창조를 시작하신다. 크고 억센 식물 대신 열매를 맺거나 꽃이 피는 온갖 식물이 돋아나게 하시고, 커다란 파충류인 공룡을 없애고 새로운 형태의 포유동물과 깃을 가진 새들과 물고기를 만드셨다.

이들에게 생명을 주시고 삶을 명령하시니 세상의 모든 동식물은 앞다퉈 번성하였다. 창조와 삶과 죽음을 주관하시는 그분은 성성이와 원숭이, 침팬지 등의 영장류도 만드셨다. 서서 걷는 새로운 형태의 유인원도 창조되었다. 그들은 오스트랄로피테쿠스, 호모에렉투스와 네안데르탈인과 같은 유인원이다.

그들은 비교적 높은 지능을 지녔으나 음성 기관이 미개하여 말을 하지 못하였다. 그들의 말(言語)은 동물의 울부짖음에 지나지 않았고 도구를 사용하였으나 크게 발전하지 못하였다. 새롭게 단장한 지상에는 거대한 공룡 대신 더운 피를 가진 포유동물이 차지하고 새로운 시대를 열어가고 있었다.

빙하기가 절정에 이르렀을 때 인류의 조상인 호모사피엔스가 창조

되었다. 직립원인 중에 가장 늦게 태어난 인간은 혹독한 자연환경과 싸우고 사나운 맹수와 먹이 다툼도 벌여야 했다. 그러나 다른 피조물과 달리 높은 지능과 우수한 발음기관을 갖고 태어난 사람은 언어의 소통이 원활해 개인의 지식과 정보를 공유할 수 있었고, 단합된 무리의 힘을 바탕으로 수렵과 채집에도 효율적인 전략과 기술을 구사할 수 있었다.

또 영장 능력이 있어 기초적인 농경 생활도 가능하였다. 그들은 높은 지능과 언어의 발달로 나약한 신체조건을 극복하고 약육강식의 세계에서 서서히 두각을 나타내기 시작하였다. 만 이천 년 전, 한님께서 피조물을 선별하시는 또 한 번의 신비를 펼치신다. 빙하기를 내려 공룡을 멸종시켰을 때와 같이 뷔름 빙하기에 다수의 피조물을 선별적으로 멸종시키셨다.

이 신비는 사람의 시대를 펼치시려는 한님의 특별한 계획에 의한 것이다. 바야흐로 약육강식의 치열한 생존경쟁 속에서 우위를 드러낸 사람은 모든 피조물 위에 군림하는 지상 최고의 포식자가 되어 온 땅을 지배하게 된다. 그러나 온 땅을 지배하였지만 그들의 삶도 한낱 짐승의 삶에 지나지 않았다.

새로운 법칙

지상을 지배하던 공룡과 동물의 시대에서는 오로지 먹고 먹히는 약육강식의 생존 법칙만 있었다. 그러나 한님의 특별한 계획으로 창조된 인간의 시대가 도래하니 약육강식의 생존 법칙 외에 새로운 법칙이 필요하게 되었다. 한님께서는 당신의 계획이 실현되도록 새로운 법칙을 사람에게 각인시켜 새로운 삶을 꾸려가게 하셨다. 인간의 새로운 삶이란, 먹고 자고 교접하는 동물적 본성 위에 앎이란 영적 이성 즉, 영성을 더해 이루어진다.

앎은 삶의 모든 행위가 창조주의 계획에 의한 것임을 인식하고 한님과 더불어 살아가는 것을 말한다. 한님이 계획한 영적 인간의 삶은, 새로운 법칙이 적용되면서 시작되고, 그 법규를 지켜가므로 이루어지고, 한님의 계획과 일치함으로 완성되는 것이다. 지금으로부터 만 이천 년 전, 한님께서는 동시대를 살아가는 네안테르탈인과 다수의 동물, 매머드와 긴 이빨 호랑이 등을 일시에 멸종시키고 인간의 시대를 열어주셨다.

한님께서는 사람에게 불을 사용하는 법을 가르쳐 추위를 견디게 하고 먹는 방식을 바꾸게 하여 다른 동물과 차별되게 하셨다. 그러나 수억 년을 내려오는 약육강식의 삶은 녹록지 않아, 사람은 그저 동물 같은 모습으로 살아갈 수밖에 없었다. 사람을 만드신 지 10여만 년이 지나고 불을 사용한 지도 수 천 년이 지났건만 원시인은 스스로 진화하지 못하고 동물적인 습성에 갇혀 쉽게 헤어나지 못하고 있었다.

지금으로부터 약 6천 년 전, 한님께서 당신의 아들들을 부르셨다. "내가 사람을 만들고 만물 위에 세워 세상을 다스리게 하였지만, 그들은 동물의 습성에서 벗어나지 못하고 있다. 더군다나 나의 뜻이 그들에게 미치지 않고 있으니, 너희들은 땅에 내려가 사람이 먹고 사는 일에만 급급하지 않게, 하늘의 문물로 삶의 방식을 바꾸고 의식주를 풍족히 하여, 그들의 영혼이 깨어나도록 하여라. 그들이 꾸미는 새로운 세상을 보고 싶구나." 한님께서는 당신의 아들들을 세상에 퍼져나간 여러 무리와 부족에게 고루 보내셨다. (필자 지은 말)

배달민족의 고서 삼성기 전 하편에, 「한국(桓國) 말기에 안파견이 밑으로 삼위와 태백을 내려다보시며 "모두 가히 홍익인간 할 곳이로다." 하시며 누구를 시킬 것인가 물으시니 오가 모두 대답하기를 "서자 한웅이 있어 용맹함과 어진 지혜를 함께 갖추었으며 일찍이 홍익인간의 이념으로써 세상을 바꿀 뜻이 있사오니, 그를 태백산에 보내시어 이를 다스리게 함이 좋겠습니다." 하니 마침내 천부인 세 가지를 내려주시고 이에 말씀을 내려 "사람과 물건이 할 바가 다 이루어졌도다. 너는 수고로움을 아끼지 말고 무리 3,000을 이끌고 가 하늘의 뜻을 열고 가르침을 세워 세상에 있으면서 잘 다스려서 만세의 자손들에게 큰 모범이 될 지어다."」라는 우리 한민족 고유의 신화가 있다.(임승국 번역 한단고기)

여기서 말하는 한국(桓國, BC 7197~3896)은 한님이 다스리시던 우리 한민족의 첫 번째 나라다. 다음이 한웅이 다스리던 배달국(신시시대, BC 3898~2332)이 뒤를 이었으며, 그 다음은 단군이 다스리던 고조선(BC, 2333~295)이다.

한님 안파견(아버지의 고어)은 당신의 서자 한웅을 이 땅에 보내시어 하늘의 문물로 인간의 삶을 윤택하게 해 주었다. 이때 한웅은 처음으로 하늘에 제사를 지내고 백성을 천부경과 삼일신고로 교화하고 새로운 법칙을 제정하여 지키도록 하였다. 이렇게 인간의 삶을 바꾸고 의식주를 안정되게 하여 홍익인간을 이루니 한님께서는 한웅을 사람의 딸과 결혼하게 하셨다. 이 한님의 아들과 사람 딸의 결혼은 배달민족의 고서에 기록되어 있고 성경에도 나와 있다.

배달민족의 고서 삼성기 전 하편에 「웅(熊)씨의 여인을 거두어 아내로 삼으시고 혼인의 예법을 정하매(熊氏女爲后定婚嫁之禮)」의 구절과 그리스도 성경 창세기 6장에 「그 사람의 딸들을 보고 마음에 드는 대로 아리따운 여자를 골라 아내로 삼았다.」라는 구절은 똑같이 한님 아들들의 혼인 문제를 다루고 있다.

한님의 서자 한웅은 안파견이 보내신 인류의 큰 축복이다. 한님의 아들과 사람의 딸과 혼인으로 한님과 혈연관계를 맺게 된 인류는, 한님이 세상을 창조하신 뜻이 자신들에게 있음을 알고 무척 기뻐하였다. 이 기쁨을 훗날 제천 행사 때에 음주 가무로 표현하기도 하였다. 한님의 서자 한웅과 사람의 딸 사이에 태어난 단군을 한민족의 시조로 삼은 우리 배달민족은, 단순한 피조물에서 벗어나 한님을 아버지(안파견)라고 부르는, 한님의 피를 이어받은 진정한 자손이 되었다.

사탄이 된 한님의 종

한님께서 당신의 종 빛의 천사를 부르셨다.

"내가 사람을 만들어 세상을 다스리게 하였다. 나는 인간이 중심이 되는 나의 창조 사업에 하잘것없는 사람까지도 세상의 주인으로 삼았다. 나는 사람이 동물같이 살기를 원하지 않았고 나에게 노예와 같은 삶도 강요하지 않았다.

나는 사람에게 말과 창의성을 주고 더불어 자유의지를 주어 마음대로 살게 해 주었다. 또 알맞은 재능과 성품을 각자에게 나눠주고 그들이 사회의 한 구성원이 되어 일하며 평화롭게 살기를 원하였다. 아무리 부족하고 작은 사람일지라도 세상의 한 구성원이 되어 평화로운 삶을 영위할 수 있도록 권리와 의무를 부여하였다.

나는 사람에게 하늘나라의 영을 깃들여 '나'와 교감을 할 수 있게 하고, 나의 권능에 두려움도 느끼게 하였다. 나는 사람이 재미있고 다채롭게 살아갈 수 있도록 자기를 아름답게 가꾸거나 부유하거나 명예롭거나 지도자가 되어 남을 지배하는 것도 허락하였다. 그러나 그 자유의지는 세속에 쉽게 물들어 율법을 잊게 하는 교만과 탐욕의 어리석음도 함께 들어있다. 세속적인 욕심에 영이 흐려진 사람들은 나를 잊고, 눈

앞에 속된 것만 탐내다 하늘나라와 멀어지는 속절없는 사람도 있을 것이다.

그러니 잘 들어 두어라. 이제부터 너에게 어둠의 권한을 주겠다. 너와 너희 무리는 세상에 내려가 사람들의 지혜를 어둠으로 감싸고 황금과 욕정 그리고 권세와 영광으로 유혹하여라. 내가 그들을 시험하고자한다. 너에게 넘어가 인간사회의 갈등을 일으키고 평화를 깨는 어리석은 사람은 벌을 내리겠지만 나를 빛내고 나의 뜻을 실천한 사람은 하늘나라의 큰 기쁨을 주겠다." (필자 지은 말)

한님의 명을 받은 종은 그로부터 인간세계에 내려와 어둠의 세력을 펼치고 사람을 유혹하는 사탄이 되었다.

제2장

삶이란
무엇인가?

참 삶의 길

나 잘 살게.
시집가는 딸이 하는 말이다.

잘 살라는 말,
사람들이 헤어질 때 하는 말이지.

잘 산다는 건
좋은 곳에서 잘 지낸다는 뜻이지.

그러나 그 삶에
무언가 빠져있어 허전하다.

너무 허전하여
이 밤도 뜬눈으로 지새운다.

고독이 살며시 다가와
내게 묻는다.

넌 누구냐?

어디서 와서 어디로 가느냐?

난 광야의 나그네 되었다.

거친 바다에 일엽편주 되었다.

고독은 공허를 일깨우고

마음속 깊이 허무를 주고 갔다.

허무함을 알지 못하니

고해의 소용돌이 속을 맴돈다.

가만히 책을 열고 부처를 만났다.

공자와 소크라테스도 찾아보았다.

아, 그때!

공자가 길을 가르쳐 주었다.

소크라테스는 진리를 보여주고

부처는 영원한 생명을 깨닫게 하였다.

2,500년 전 성인들은

이미 가리키고 있었다.

우리가 찾는 길,
돌아가는 참 삶의 길을!

불가사의한 진화

삶이 무엇인가를 알기 위해서는 삶을 누구로부터 받았는가를 먼저 규명해야 한다. 인류의 실질적인 조상은 15만 년 전에 출현한 호모사피엔스다. 오스트랄로피테쿠스, 호모에렉투스, 네안데르탈인과 같은 진화론적인 유인원은 결코 사람의 조상이 아니다.

15만 년 전, 직립원인 중에 가장 늦게 창조된 인간은 지금으로부터 불과 6천 년 전에 급속히 진화하여 새로운 형태의 삶을 맞이한다. 나뭇잎과 동물 가죽을 걸치고 동굴에서 서식하던 석기시대 원시인들이 어느 날 갑자기 직조 기술을 개발하여 옷을 만들어 입고 벽돌로 집을 짓는 등, 기적 같은 삶의 변화를 보여준다.

동양과 서양의 원시인들은 비슷한 시기에 각자 책력을 만들어 사용하고, 1년을 24절기로 구분하며 농사도 지었다. 24절기는 태양 운동을 근거한 것으로 천문과 수리 등, 자연의 오묘한 질서를 알아야 구분할 수 있는 것이다. 태어나서 14만 년 동안 수렵과 채집만으로 연명하던 원시인들이, 무슨 수로 자연의 이치를 한순간에 꿰뚫어보고 동양과 서양에서 각각 책력을 만들어 쓰게 되었을까?

짧은 순간에 진화의 원리를 무너뜨린 원시인들은, 어떻게 천문과 수리 도량형 등의 수준 높은 지식을 소유하게 되었으며, 사람의 일을 분업하여 농업 상업 공업의 발달을 촉진하고 시장도 열게 되었을까? 나아가 원시인들은 정치란 새로운 통치 개념과 법을 제정하여 나라를 세우고, 문명 세계를 향한 힘찬 발걸음을 내딛게 된다. 동물 같은 삶을 한순간에 벗어 던지고 비약적인 진화를 거듭한 인류는 지상 곳곳에 크고 작은 문명을 세우고, 불가사의한 건축물과 구조물을 남기어 풀리지 않는 의문을 던지고 있다.

놀랍게도 원시인들이 남긴 구조물들은 현대 과학의 초절정 이론이 적용되었고, 머리카락 굵기보다 작을 정도의 정확하고 정교한 측량 단위가 사용되었다. 이 모든 사실을 어떻게 설명할 수 있을까? 오늘날의 최첨단 기술로도 흉내 내기 어려운 불가사의한 고대 유산들이, 인간의 비약적인 진화를 그 신비 속에 감추고 만고의 세월을 넘어와 성큼 우리에게 수수께끼로 다가왔다.

문화와 문명

　약 6천 년 전에 동물같이 살던 원시인이 어느 날 갑자기 비약적인 진화를 통해 고상한 인간의 삶으로 살아가게 된다. 동물같이 살다가 외부로부터 잘 다듬어진 생활방식이 들어와 더 나은 삶으로 바뀌게 된 것이다. 그 계기가 된 것이 바로 수수께끼와 같은 문화다. 그러나 사전에서 '문화'의 뜻을 찾아보면, 「사람의 지식수준이 높아지고 생활의 질이 높아지는 일」이라 기술되어 있고, '문명'은 「사람의 지식과 기술이 발달하여 생활이 편리해지고 물질이 풍부한 상태」라고 풀이하고 있다.

　또 문화는 '자연 상태에서 벗어나 삶을 풍요롭고 편리하게 만들려는, 사회 구성원에 의해 습득 공유되는 행동 양식과, 그 과정에서 발생한 물질적, 정신적 소산을 통틀어 이르는 말.'이라 하고, 문명은 사회의 여러 가지 기술적, 물질적인 측면의 발전에 의해 이루어진 결과물 혹은 상태라고 하여 원시인이 스스로 문화를 이루고 문명을 발달시킨 듯이 기술하였다. 이러한 설명이 문화의 발생과 문명이 발달한 동기를 없애고, 문화의 주체를 밝히지 못해 사람이 살아가는 데 아주 중요한 것을 배제하였다.

인간의 삶을 규명하려면 먼저 문화와 문명이 일어난 주체와 배경을 찾아야 한다. 결코 미개한 원시인이 스스로 문화를 세우고 문명을 발전시켰다고 볼 수는 없다. 그렇기 때문에 나는 한민족 신시(神市)의 역사를 참작해「한님께서 약 6천 년 전에, 미개한 사람을 사람답게 살아갈 수 있도록, 한님의 아들들로 하여금, 하늘나라의 문물로 삶을 윤택하게 만들어 준 것」이라고 문화를 정의한다. 또 문명은「사람이 하늘나라의 문물을 받아들여, 널리 사용하고 기술을 발달시켜 인간의 삶을 더욱 향상한 상태」라고 정의한다.

이것을 다시 간략하면, 문화는 천자가 하늘의 문물을 원시인류에게 보급한 것이라 할 수 있고, 문명은 인류가 그들로부터 받은 문물을 활용하고 발전시킨 것이라 하겠다. 비유로 말하면 '문화는 씨를 뿌리는 것'이고 '문명은 그 씨를 가꾸는 것'이다. 씨는 하늘의 문물이다.

하늘의 문물을 받아들인 원시인은 짧은 순간에 생활방식을 바꾸어 더 나은 삶을 살고, 한님과 매우 밀접한 관계를 형성한다. 한님의 아들들에 의해 세워가는 문명의 탑은 급속도로 높아지고, 석기시대 이후에는 인류의 찬란한 고대 문명이 꽃을 피우게 된다. 신앙을 비롯한 사회의 각 분야에서 인간이 하늘의 문물을 크게 증진했다면 문명이 높아졌다고 말할 수 있다. 이렇게 높은 문명을 이룩한 사람들이 정신적인 안정을 찾게 되면 그들은 영적인 삶을 추구하게 된다. 동물 같은 삶에서 벗어난 인간은 비로소 자신의 내면에 깃들어 있는 한님과 자기 자신을 찾는다.

그들은 감사와 풍요의 기원을 담은 제단이나 신전 등의 건축물을 세워 한님께 봉헌하기도 하고, 큰 석상이나 신비한 구조물을 세워 구원의 기다림을 표현하기도 하였다. 구원을 기다리는 사람들은 죽은 이를 피라미드와 같은 거대한 무덤을 만들어 안장하였다. 또한 바다를 건너온 사람들이 구원을 갈구하는 듯한 거상이나 하늘에서 잘 보이도록 그린 커다란 그림들은 자신의 존재를 절대자에게 알리려는 흔적이 아니겠는가? 고대 문명의 유산인 신비한 건축물과 구조물은 이런 맥락에서 살펴보면 쉽게 이해할 수 있고, 그 속에 한님의 아들들이 숨어있음을 발견하게 된다. 또 영적 평화와 구원의 손길을 기다리는 선조들의 고독한 숨결도 느낄 수 있을 것이다.

　　인류문명은 그 나라의 경제가 넉넉한 것을 보고 높다고 하지 않는다. 인류의 문명은 그 나라의 과학 발달을 보고 높다고 할 수도 없다. 오히려 이러한 경제적 풍요와 과학의 발달은 인류의 문명을 낮추고 있다. 문명의 높고 낮음은 그 민족의 정신과 얼에서 찾아야 한다. 인류의 문명은 하늘에서 받은 지식과 기술로 쌓은 것이니 얼과 정신이 척도가 되는 것이 당연하다. 현대와 같이 경제가 우선되고 전쟁과 핵무기의 개발은 한님의 창조와 평화를 무너트리는 일이니, 그곳에는 얼이 존재하지 않는다.

　　그러므로 사람이 높은 문명을 자랑하고 삶의 질을 높이고자 할 때는 정신 문명인 올바른 얼을 앞세워야 한다. 그렇지만 한님의 아들들이 동물같이 살던 삶에서 벗어나게 한 사실을 망각한 인간의 어리석음은 한님을 잊게 하였다. 그리하여 세상 곳곳에서는 서로 다른 문명이 충돌하고 끊임없이 전쟁이 일어나고 있다. 끝내 사탄의 유혹에 빠진 인간의 교만과 탐욕이 하늘을 찌를 듯이 서로 키 재기하며 인류의 삶을 뒤로한 채 세상을 극심한 혼란 속에 빠트리고 있다.

신앙이 갈라지다

문명의 발달은 사람의 생존에 필요한 모든 수단과 방법을 더욱 풍족하게 하였다. 사람들은 새롭게 얻은 문명의 힘으로 못 하는 것이 없게 되자 커다란 도시를 건설하였다. 도시는 화려하게 꾸며지고 사람의 수효는 급격히 늘어났다. 그들은 마음만 먹으면 못 하는 것이 없게 되자 교만이 하늘까지 치솟았다. 결국, 그들은 한님을 잊고 율법을 멀리하였다.

「또 사람들은 의논하였다. "어서 도시를 세우고 그 가운데 꼭대기가 하늘에 닿게 탑을 쌓아 우리 이름을 날려 사방으로 흩어지지 않도록 하자." 하느님께서는 땅에 내려오시어 사람들이 이렇게 세운 도시와 탑을 보시고 생각하셨다. "사람들이 한 종족이라 말이 같아서는 안 되겠구나. 이것은 사람들이 하려는 일의 시작에 지나지 않겠지. 앞으로 하려고만 하면 못 할 일이 없겠구나. 당장 내려가서 사람들이 쓰는 말을 뒤섞어 놓아 서로 알아듣지 못하게 해야겠다." 하느님께서는 사람들을 거기에서 온 땅으로 흩으셨다. 그리하여 사람들은 도시 세우는 일을 그만두었다.」(창세기 11,4.8)

하늘까지 탑을 쌓고 자신들의 이름을 빛내고자 했던 사람들은 세력이 꺾이어 온 땅으로 흩어졌다. 그때 언어가 뒤섞여 분화한 부족들이 지금 세계를 구성하고 있는 나라들이다. 지상 도처로 분화한 사람들의 교만은 한님과 교류를 끊고, 그들의 이기적인 탐욕은 한님의 신앙을 조금씩 그리고 다양하게 변질시켜 나갔다. 결국 그들의 신앙은 지켜지지 않았고 변질된 신앙을 고스란히 후손에게 물려주게 되었다.

처음에는 하나였던 한님의 신앙이 여러 민족으로 갈라져서, 선과 악으로 또 참과 거짓으로 대립하며 한님의 시험대 위에서 끊임없이 다투고 분리되었다. 사탄은 사람들을 유혹해 우상을 세워 거룩함을 욕보이며, 교만한 사람의 탐욕을 자극하여 전쟁을 일으키게 한다. 전쟁으로 사람의 삶이 황폐해지면 그들은 곧바로 한님을 원망한다. 전쟁은 인류의 문명을 한순간에 허물고 인간의 삶을 참혹하게 하여, 사탄이 한님과 벌인 시합에서 승리하게 만든다. 사탄의 신앙은 오로지 황금과 향락에 있고, 그것을 얻는 수단은 궤변과 폭력에 의존한다. 전쟁에서 자행되는 모든 악행은 그들의 생존 논리에 합리화가 되어, 인류의 역사는 사탄의 음흉한 미소가 흐르는 어둠 속을 건너게 된다.

그 무엇

「한님이 말씀하신다. 나는 그들의 가슴에 내 법을 넣어주고, 그들의
마음에 그 법을 새겨 주리라. 나는 그들의 한님이 되고 그들은 나의
백성이 되리라. (예레미아31)」

한님께서는 당신과 율법을 하늘나라의 영에 새기어 사람의 태아 속
에 깃들게 하셨다. 우리가 구름을 볼 때 무의식적으로 사람의 얼굴로
그려보게 되는 것은 우리 본성 안에 심긴 한님을 찾으려는 의식인지 모
른다. 또 어둠 속에 보이는 희미한 형체를 무서워하는 것도 사탄의 존
재를 느끼고 있기 때문인지 모른다. 근본적으로 사람은 한님과 그 법을
가슴에 간직하고 항상 착하고 깨끗하고 후하게 살아가게 되어있다.

그러나 사탄의 유혹에 빠져 나쁘게 살면, 그때는 한님께서 사람의 양
심에 고통을 주어 율법을 되새기게 하신다. 그렇지만 사탄은 사람의 양
심을 다시금 어둠 속에 가두고 탐욕스럽고 교만하게 만들어 한님과 단
절시킨다. 이 때문에 한님과의 소통은 끊어지고 양심에 새겨놓은 율법
마저 잊게 되면, 한님께서는 다시금 사람의 마음을 공허하게 만드신다.
그러면 한님을 잊고 무의식적으로 살던 사람은 마음이 허전해서 '그 무

엇'을 찾게 된다.

"우리 마음 저 깊은 곳에 당신의 자리가 커다란 공허처럼 하나의 상처처럼 새겨져 있나이다.(성무일도)"

그 무엇?

그렇다! 그것은 한님과 율법이다. 2,600여 년 전 인도의 고타마 싯다르타는 그 무엇을 찾으려 출가를 하였고, 중국의 석학 공자는 그 무엇을 위하여 죽음도 불사하였다. 희랍의 철학자 소크라테스도 그 무엇을 찾기 위해 묻고 또 물어보았다. 그 무엇을 찾고자 하는 기원전 성인들은 세상의 부귀와 영화를 버리고 죽음을 무릅쓴 고행 길에 나섰다. 그 무엇을 찾는 것이 한님과 율법을 찾는 것이고, 그것을 찾아 지키는 것이 하늘나라로 돌아가는 길(道)이기 때문이다.

부처

불교의 창시자 석가모니는 지금으로부터 2,500여 년 전에 네팔 타라이 지방에 카피라 왕국에 태자로 태어났다. BC 6세기경이니 15만 년 인류의 역사로 보면 아주 최근 사람이다.

고타마 싯다르타 태자는 생로병사의 괴로움에서 자신과 중생을 구하려고 왕국의 부귀영화를 모두 버리고 출가를 한다. 그러나 막상 길을 찾으려니 방법을 모르겠고, 올바른 가르침을 주는 스승도 없었다. 고타마 싯다르타 태자는 마가다 왕국의 밤비사라 왕에게 구도의 어려움을 토로하고 "되고 안 되고는 해보지 않고는 모릅니다. 나는 그것을 알기까지 죽어도 물러서지 않을 것입니다."라고 말하며 죽음을 무릅쓴 구도에 들어섰다.

그러던 어느 날 고타마 싯다르타는 문득 형언할 수 없는 기쁨이 솟구쳤다. 온갖 집착과 번뇌가 자취도 없이 풀리고, 모든 이치가 그 앞에 밝게 드러나 태어나고 죽는 일까지도 환히 깨닫게 되어, 두려움마저 사라지고 우주가 자신이고 그 스스로가 우주임을 알게 되었다. 이렇게 깨달음을 얻게 된 고타마 싯다르타는 지혜와 자비의 길이 열린 부처가 되어 그 깨달음을 중생에게 가르치게 된다. 부처는 집착에서 벗어나야 도를 이룰 수 있다고 가르친다.

금강경에 "내가 항상 말하기를 '내 가르침은 물 건너는 뗏목같이 알라'고 하지 않았느냐? 법도 오히려 버려야 할 것인데 하물며 법 아닌 것이랴!" 하였다. 이것은 부처님의 불법도 피안에 이르는 뗏목에 지나지 않는다는 것이다. 구도의 궁극적인 목적은 피안 즉 하늘나라에서 영원한 생명을 얻어 지극한 즐거움을 누리는 데 있다. 부처는 자기 자신을 '길을 가리키는 이정표'에 비유하며 결코 신앙의 대상이나 예배의 대상이 될 수 없음을 강조하였다. 이것은 부처 자신이 만물을 창조하신 전지전능한 신이 아님을 사람에게 경계한 말씀이다.

불제자 중의 한 사람인 아난다는, 「제가 부처님을 따라 출가한 뒤로부터 부처님의 위신력만 믿고 애써 닦지 않아도 부처님께서 삼매를 얻게 하여 주시리라 생각했습니다. 몸과 마음은 본래 대신할 수 없는 줄 알지 못해 제 본심을 잃었으니 몸은 비록 출가하였으나 마음은 '도'에 들어가지 못한 것이 마치 가난한 아들이 아버지를 버리고 달아난 것과 같습니다.」라고 고백하였다.

이는 부처의 가르침을 아무리 많이 듣는다고 해도 몸소 수행하지 않으면 소용이 없다는 뜻이다. 그러나 언제부터인가 우리도 불법을 애써 배우고 수행으로 깨달음을 얻으려 하지 않고, 부처를 신처럼 믿고 그 앞에 엎드려 빌기만 하면 복을 받을 수 있으리라 생각하게 되었다. 부처님이 하지 말라고 2,500여 년 전에 그렇게 경계하고 강조하였지만, 지금 우리는 그저 위신력만 믿었던 그 당시 제자 아난다처럼 부처를 대하고 있지 않은가 심각히 생각해 보자.

부처는 세상의 생로병사와 고해를 만들고 주관하거나, 영혼을 극락이나 지옥으로 보낼 수 있는 권능을 가진 창조신이 아니다. 부처는 우리보다 2,500여 년 전에 먼저 태어나 깨달음을 얻은 위대한 사람일 뿐이다. 기원전, 부처를 따르던 제자들이 그의 깨달음을 받들고 사람들을 가르쳤으니, 이것이 불교이고 그 가르침은 오늘날까지 인간 세상에 길잡이가 되고 있다.

공자

    기원전 6세기 무렵, 춘추전국 시대의 중국은 전쟁으로 눈을 뜨고 눈을 감을 때다. 인류의 문명이 발달하자 생활이 나아진 그들의 왕은 수시로 전쟁을 일으켜 백성들을 피폐케 하고 자신들은 주지육림에 빠져 한님과 율법을 완전히 망각하였다. 오랫동안 전쟁에 시달리자 사람들의 생활은 문란해지고 온갖 불의와 폭력이 들끓었다. 끝없는 전쟁과 혼란한 사회가 사람들로부터 한님과 율법을 빼앗아 간 것이다.

    노 나라에 공자라는 사람이 있었다. 그의 마음속에 한님의 율법이 태동하여 전쟁으로 삶이 궁핍해진 백성들을 구하고자 하는 마음이 일어났다. 그리하여 백성을 구하는 도를 찾아 나선 공자는, "아침에 '도'를 들으면 저녁에 죽어도 좋다."라는 굳건한 구도의 의지를 보여 주었다. 그러나 큰 깨우침을 얻지 못하자, "종일토록 사색하여도 얻는 것이 없고 무익하기만 하니 차라리 배움만 못하구나." 하며 수행에 의한 구도를 포기하고 학문을 통한 도를 찾아 나섰다. 공자는 고대로부터 내려오는 정치, 윤리, 교육 등의 학문을 정비하고, 나라를 다스림에는 인의 도덕을 통한 덕치주의를 표방하였다.

공자는 중국을 분할하고 있는 여러 제후와 왕을 찾아가 백성을 위한 왕도정치를 주창하였다. 그러나 전국시대의 제후와 왕들은 공자의 사상과 정책을 쓰지 않고 진시황의 통일까지 피비린내 나는 전쟁을 계속하였다. 공자는 천명사상을 비롯한 학문 속에서 하늘의 율법을 유추하고 삶의 규범을 제정하여 어지러운 세상을 교화하였다. 이것이 '인'의 사상이며 훗날의 유교로서 오늘날 우리의 생활 속에도 깊숙이 스며들어 있다.

소크라테스

철(哲)들었다는 말이 있다. 이는 무지와 어리석음에서 지혜와 밝음으로 들어섰다는 뜻이다. 이 철의 학문인 철학(哲學)은 어떤 사물이나 추상적인 개념을 '무엇'과 '왜' 그리고 '어떻게'로 분석하고 깊은 사유를 통해 그 이치를 규명하는 것이다. 그리하여 그것을 인간의 삶에 적용하여 바른 길로 나갈 수 있게 하는 학문이다. 예를 들어 '삶은 무엇이며, 어떻게 살아야 하나?'라는 물음에 사유와 대화를 통해 객관적인 답을 도출하는 것이 철학이다. 그러니까 철학도 인간의 본성 안에 숨긴 한님과 율법을 찾아가는 구도의 학문이라 할 수 있다.

그러나 오늘날의 철학은 답을 도출하려는 사람들의 생각이, 이념과 사상 그리고 신분의 고하에 따라 기준이 다르고, 동서고금의 가치관에 따라 매우 복잡하고 방대해져 배우기가 아주 난해한 학문이 되었다. 또한 사람들의 이기적인 욕심과 주관적 판단이 점철된 철학서가 서점가에 범람하여 철학을 배우고자 하는 사람에게 혼선을 주고 있다. 인간의 본질을 묻고 삶의 길을 제시하고자 하는 철학이 인간을 창조하신 한님을 배제하면, 마치 작가와 작품의 이름도 모르는 추상화를 놓고 평론가들이 펼치는 어리석은 갑론을박처럼, 인간의 삶을 소모적인 논쟁 속에 밀어 넣고 미궁을 헤매게 할 것이다. 신을 믿지 않는 사람들과 진화론 또는 공산주의자와 그 밖에 영혼을 등한시하는 사람을 두고 하는 말이다.

기원전 5세기 무렵, 희랍의 철학자 소크라테스는 '옳은 것', '선한 것' '참된 것'에 대하여 끊임없이 의문을 품고 답을 구하였다. 그러나 소크라테스는 스스로 묻고 많은 탐구와 대화를 통하여 답을 갈구하였지만, 실상 자기 자신은 아무것도 아는 것이 없다는 것만을 깨닫게 된다. 그 시대에 들불처럼 번진 소피스트들과 논쟁으로 시기와 원성을 한 몸에 받게 된 소크라테스는 "나는 내가 모른다는 사실은 알고 있다. 그러나 그들은 자기가 무엇을 모르는지 그것조차 모르고 있다."라고 말하며 '너 자신을 알라'는 델포이 신전에 걸린 경구를 일깨웠다.

소크라테스를 시기하고 스스로 지혜롭다는 소피스트들은 자기가 무엇을 모르는지도 모르고, 철학의 본분을 벗어난 궤변과 위선으로 소크라테스를 온갖 방법으로 공격하고 거짓으로 매도하였다. 결국, 궤변론자들의 교언이 소크라테스를 법정으로 몰아세웠다. 그의 죄목은 아테네 신들을 섬기지 않는다는 것과 젊은이들을 현혹해서 타락시켰다는 것이다. 거짓된 사람의 모함으로 참된 사람에게 사형선고가 내려졌다. 그때 아폴론 신전의 현관 위에 '너 자신을 알라'는 경구가 궤변론자에게 농락당하는 참 철인을 말없이 내려보고 있었다.

소크라테스는 자기 자신을 알려고 부단히 노력하였고, 양심에서 우러나오는 옳고 선하고 참됨에 대한 믿음을 죽음으로써 증명하였다. 독배를 받아 마심으로써 그는 가슴에 새겨진 율법의 실천자가 되고 또한 증거자가 되어 오늘날 성인으로 추앙받고 있다. 하지만 근대의 궤변론자가 또다시 소크라테스를 모함하고 있다. 그것은 일제 강점기에 법철학자 오다카 도모오와 조선의 매국노들이 우리 젊은 지성인들에게 심어놓은 궤변이다. 성인 소크라테스가 '악법도 법이다.'라고 말했으니 조선사람들은 일본제국의 법을 무조건 따르라는 식의 궤변이었다.

그러나 소크라테스가 악법도 법이니까 지켜야 한다는 뜻으로 독배를 마신 것은 결코 아니다. 그는 진실과 정의에 대한 자기의 소신을 지키기 위해 죽음을 피하지 않았을 뿐이다. 이러한 사실을 왜곡하여 일본과 조선의 매국노들은 우리에게 굴종을 요구한 것이다. 아직도 많은 사람이 '악법도 법이다.'라는 말로 소크라테스를 매도하고 있는 현실이 안타깝다.

저 빛을 따라가라

전쟁으로 피가 얼룩진 중국에 만리장성보다 더 큰 보물이 영롱한 빛을 뽐고 있다. 그 보물은 춘추시대의 석학 공자다. 공자의 인(仁)의 사상인 유교는 아직도 우리의 생활 깊숙이 뿌리를 박고 있다. 2,500여 년 전 칠흑 같은 고해를 환하게 밝힌 등댓불이 있었다. 그 빛은 스스로 깨달음을 얻은 부처다. 그 자비의 불빛은 지금도 꺼지지 않고 인류의 어둠 속 고해를 밝히고 있다.

기원전 5세기 무렵, 희랍의 성인 소크라테스의 숭고한 죽음은 만고의 귀감이 되었다. 성인은 스스로 죽음을 피하지 않고 진리의 횃불에 기름이 되고자 했다. 소크라테스는 가슴에 새겨진 한님의 율법을 굳은 신념으로 지켰으며, 그의 죽음은 진리와 정의를 위한 순교가 되었다.

한님과 율법을 잃어버린 기원전의 조상들은 성인들의 깨달음과 가르침을 등불 삼아 칠흑 같은 어둠을 헤쳐 나왔다. 성인들의 교화로 사탄은 세력을 마음껏 펼치지 못했고 우리의 세상은 어둠에 묻히지 않았다. 그러나 사람의 수가 급격히 불어나자, 지상 도처로 흩어진 사람들이 성인들의 가르침을 잊거나 외면하여 암울한 문명의 퇴보를 걷게 된다. 이들은 세속적인 탐욕과 쾌락에 죽음도 불사하는 어리석음을 선보이며 우상숭배의 삶을 연출하고, 그들과 그들의 지도자는 한없는 교만과 권세를 키워갔다.

이들은 탐욕을 채우기 위해 명분 없는 전쟁을 일으켜 세상의 어둠을 초래하였다. 인류의 무분별한 전쟁이 지속되고 사탄의 세력이 왕성해지자 성인들의 가르침은 빛을 잃는다. 부처의 난해한 불법은 게으르고 무지한 사람들이 배우기가 어렵고, 속세를 떠난 수행도 현실적으로는 어려움이 뒤따랐다. 우리는 속세에 있고 속인들과 부딪히며 살아가야 하기에 현실적인 믿음과 철학이 더 절실하게 필요하였다.

공자의 가르침은 비교적 수월해 가정에서도 교육이 가능하였다. 공자는 전쟁으로 피폐해진 백성들의 현실적인 삶에 치중하여 가르침을 전개하였다. 그러나 그의 사상은 고대의 천명 사상에 근거를 두었지만, 종교적인 믿음을 마련하지 못하고 영적인 갈증만 증폭시키어 오히려 중국에 우상이 넘치게 하였다.

배부른 돼지보다 배고픈 소크라테스를 희망하는 철학자들은 깜깜한 어둠 속에서 서로 부딪히며 길을 찾았다. 그들은 가슴을 울리는 율법의 속삭임에 귀를 기울이며 인간의 존엄성과 영혼의 불멸성을 규명하고자 하였다. 그렇지만 사람들은 소크라테스를 비웃으며 배부른 돼지가 되기 위해 오늘을 살아간다.

사람들은 부처의 불법을 용맹 정진하며 수행하려 하지 않고, 공자의 가르침을 애써 배우려 하지도 않았다. 소크라테스의 숭고한 죽음마저 외면한 사람들에게 한님께서 하늘과 땅과 저 세상을 두루 비추는 큰 빛을 보내 주신다.

성인들로부터 약 500년 뒤, 한님의 빛이 세상을 밝게 비추니 온 누리에 어둠이 걷히었다. 이제 우리는 도를 구하기 위해 죽음을 무릅쓰지 않아도 되고 힘들여 배우지 않아도 되겠다. 무엇보다도 고통과 번뇌에서 벗어나 우리의 삶을 고상하게 꾸밀 수가 있게 되었다. 그러나 아직도 어리석은 사람들은 두 눈을 감고 혹은 고개를 옆으로 돌린 채 어둠 속에서 길을 묻는다. "어떻게 살아야 합니까?"라고. 그러자 2,500년 전 성인들이 손을 들어 가리킨다.

"저기 큰 빛을 따라가라!"

제3장

한민족의
삶

배달의 꿈

옛날 옛적에
한님의 나라 있었으니,

세상은 그 민족을
한님의 백성이라 불렀지.

한님의 서자 한웅이
신시(神市)에서 개천하니

우렁찬 그 기상은
천하를 호령했지.

신시의 치우 천황
우레같이 포효하니,

중국의 헌원 왕은
백전백패 무릎 꿇고,

마침내 한민족이
천하를 다스렸네.

말 타고 질주하며
활 쏘는 한님의 동이족,

드넓은 중원 땅을
거침없이 내달을 제.

그때 울리는 한님의 말씀.
"동쪽으로 가거라."

종횡무진 동이족이
분연히 길 떠나니,

세상은 그들을
배달민족이라 불렀지.

그들이 찾아가는 곳,
나반과 아만이 살던 땅.

한님이 마련하신

동쪽의 에덴이니.

조상이 떠나온 본향은
수구초심 후손의 꿈이었지.

한님을 찾아가는 배달의 여정,
바로 홍익인간이 꿈이었지.

한국(桓國)의 신화는 역사다

한국(桓國)의 신화는 꾸며낸 신의 이야기가 아니고 한민족의 역사며 종교다. 단순히 꾸며낸 이야기라면 빈 껍데기 이야기가 있을 뿐이지만, 우리의 신화에는 오묘한 경전과 심오한 철학이 존재하고, 마니산 참성단 등의 유적과 신앙 풍습이 그대로 남아있다.

그 풍습 안에 선조들의 제천의식을 보면, 배달민족 신앙이 세상에서 가장 오래된 종교임을 알 수 있다. 이에 필자는 한님의 역사와 천부경, 삼일신고, 한단고기를 새롭게 조명하고, 한민족의 신앙과 문헌에서 우리의 신앙이 그리스도교와 한 뿌리임을 밝히려 한다.

「우리 한(桓)의 건국은 세상에서 가장 오랜 옛날이었는데 한 신이 있어 시베리아의 하늘에서 홀로 변화한 신이 되시니 밝은 빛은 우주를 비추고 큰 교화는 만물을 낳았다. 오래오래 살면서 늘 쾌락을 즐겼으니 지극한 기를 타고 노닐고 그 묘함은 저절로 기꺼웠다. 모습 없이 볼 수 있고 함이 없으면서 모두 이루고 말 없으면서 다 행하였다. 어느 날인가 동녀동남 800이 흑수 백산의 땅에 내려왔는데 이에 한님은 또한 감군으로서 천계에 계시면서 돌을 쳐 불을 일으켜

75

서 날음식을 익혀 먹는 법을 처음으로 가르치셨다. 이를 한국(桓國: 한님나라)이라 하고 그를 가리켜 천제 한님(天帝桓因)이라고 불렀다. 또한, 안파견이라고도 했다. 한님은 일곱 대를 전했는데 그 연대는 알 수 없다.」삼성기 전 상편 (한단고기 - 임승국 번역. 주해)

한국의 역사는 한님을 '홀로 변화한 신(獨化之神)'이라 하고, 그리스도교는 야훼를 스스로 존재하신 분이라 한다. 홀로 변한 분과 스스로 존재한 분은 뜻을 같이한다. 밝은 빛은 우주를 비추고 큰 교화는 만물을 낳았다는 것은 세상을 만든 창조론이며, 한국의 천제 한님은 하늘의 임금님이라 칭하는 야훼와 같다.

한님의 시대는 다음과 같이 일곱 대로 나누어진다.
1대 안파견 한님 – B.C 7197(한기 원년)
2대 혁서   한님
3대 고시리 한님
4대 주우양 한님
5대 석제임 한님
6대 구을리 한님
7대 지위리(단인)
한님들의 총 재위년 3301년이라고 되어있다.

이 일곱 분 배달민족의 한님들은, 성경의 「한님께서는 "우리 모습을 닮은 사람을 만들자!"」에서 '우리'와 같은 복수다. 한 분이 이렇게 복수가 된 것은, 그분 안에 세상을 주관하시는 여러 품성(品性)과 인간을 교화하는 데 필요한 과정에 의해 복수로 표현된 것이 아닐까?

> 「한국(桓國)의 말기에 안파견이 밑으로 삼위와 태백을 내려다보시며 "모두 가히 홍익인간 할 곳이로다." 하시며 누구를 시킬 것인가 물으시니 오가 모두 대답하기를, "서자 한웅이 있어 용맹함과 어진 지혜를 함께 갖추었으며 일찍이 홍익인간의 이념으로써 세상을 바꿀 뜻이 있사오니 그를 태백산에 보내시어 이를 다스리게 함이 좋겠습니다." 하니 마침내 천부인 세 가지를 내려 주시고 이에 말씀을 내려, "사람과 물건이 할 바가 다 이루어졌도다. 그대 수고로움을 아끼지 말고 무리 3,000을 이끌고 가 하늘의 뜻을 열고 가르침을 세워 세상에 있으면서 잘 다스려서 만세의 자손들에게 큰 모범이 될지어다."」 삼성기 전 하편(한단고기 - 임승국 번역, 주해)

이 원동중(행적이 불분명 한 저자)의 삼성기는 3천 년 뒤를 예고하고 있다. 한님의 '서자 한웅'을 보면 한님의 적자가 따로 있다. 만약 적자가 없다면 굳이 한웅을 서자라고 강조하지는 않았을 것이다. 이렇게 구분해 놓은 것은 적자인 예수 그리스도의 출현을 염두에 둔 것이 아니고 무엇이겠는가? 이것이야말로 우리가 한님의 천손이며 그리스도교와 한 뿌리임을 증명하는 핵심이 될 것이다.

배달민족에게 한님의 서자 한웅이 있다면 성경 창세기 6장에는 한님의 아들들이 있다. '삼성기'를 보면 한웅의 존재와 역할을 분명히 알 수 있지만, 성경 속 한님의 아들들은 몇 구절만이 그들의 존재를 희미하게 보여줄 뿐이다. 그러나 다행히 한웅으로 성경의 한님 아들들을 유추해 볼 수 있다. 성경에 한님의 아들들도 한님의 서자로서, 후에 오시는 한님의 적자 예수 그리스도를 예고하고 있으며, 그들의 존재와 역할도 한웅처럼 지상에 퍼져나간 여러 부족에게 신앙을 세우고, 하늘나라의 문물로 인간을 구휼하여 홍익인간이 되게 해 준 역할이었다고 볼 수 있다.

창세기 6장의 한님의 아들들이 내려온 시기가 한웅의 시기와 비슷하다면, 그 시기는 대략 B. C. 3898년, 즉 지금으로부터 약 6,000여 년 전의 일일 것이다 (한단고기 역대기 참조). 또한 이 시대 한님 아들들의 나이가 공통적으로 지금보다 열 배가 넘는 것도 눈여겨볼 일이다.

종교와 철학이 다른 점은, 종교는 창조주를 아버지라고 부르는 가족 관계가 형성되고, 철학은 스승과 제자 관계가 설정된다. 불교에서 부처를 아버지라 하지 않고 유교도 공자를 아빠라고 부르지 않는 것을 보면 불교와 유교는 신앙이라기보다 하나의 사상이며 철학이다. 그리스도교나 우리 민족의 신앙은 다 같이 한님을 아버지(안파견)로 부른다. 안파견은 아버지의 옛말이다.

우리 배달민족의 천부경과 삼일신고는 인도의 부처나 중국의 공자, 희랍의 소크라테스보다도 비교할 수 없이 더 크고 위대한 경전이며 신앙이다. 그 안에 한님에 대한 신앙은 우리 민족의 큰 자랑이며 자긍심이다. 그럼에도 불구하고 단군신화를 허구라고 단정 짓는 것은 나비가 되어도 날지 않고 벌레처럼 기어 다니는 사람들의 어리석은 생각이다. 그 사람들은 인간이 한님 자손이 되어 만물을 다스리고 있어도 미처 깨닫지 못하고 동물같이 살아가는 사람들이다. 만물의 영장이 된 사람들은 나비가 되어 하늘을 날아다니는데 그들은 아직도 벌레의 탈 속에 갇혀 혼돈의 꿈속을 기어 다니고 있다.

하늘을 알지 못하는 그들은 이른바 세상을 3차원의 관념으로만 보고 한님의 아들들을 우주인이라 굳게 믿는 진화론자와 무신론자들이다. 그들은 그 옛날 우리 조상들이 한님을 잊지 않기 위해 전해 준 귀중한 역사를 한낱 옛날이야기로만 치부하여 '대대로 한님의 이름을 불러 한님을 기리는 사명'을 멀리하였다.

한님을 찾는 민족

우리는 스스로를 '한 많은 민족'이라고 한다. 이 '한'은 삶에 미련과 억울함이 쌓이고 쌓여 가슴에 맺힌 응어리이기도 하지만, 우리의 얼 속에 잠재된 한님(桓因)이며 또 배달민족의 숙명과 염원이고, 개인의 운명과 욕망이기도 하다. '한'은 한님을 찾아 헤매는 우리 민족의 슬픈 역사와 그 속에 인간의 이별, 죽음, 가난, 욕망, 절망, 체념, 원망 등이 얽히고설켜서 만들어진 배달민족 고유의 정서다.

원래 한민족이란 '한님의 백성'이란 뜻이고 한국(桓國)은 '한님의 나라'를 의미한다. 우리 조상은 1만 년 전 시베리아 남쪽에 있는 바이칼호에서 발원하여, 기원전 7197년 한국(桓國) 시대 때부터 고구려 시대까지 중국을 강역으로 삼았던 한님의 백성이었다. 중국 왕 헌원과 싸움에서 백전백승한 배달국의 치우 천황과 지금의 만주와 간도 지역, 중앙아시아의 일부 지역까지 광범위한 영토를 정복하고 종횡무진 활약했던 고구려의 광개토대왕은 중국인이 아닌 배달민족의 조상들이다. 이들은 한님의 신앙과 철학 그리고 수준 높은 문화를 보유한 동이(東夷)족 임금이다.

우리 겨레의 웅혼한 기상이 대지를 포효하며 중국 오랑캐의 간담을 서늘하게 할 때, 무적의 치우 천황은 살상의 무상함과 인명의 존귀함을 깨닫고 조용히 하늘을 우러러 깊은 사색에 잠기니 이에 한님께서 말씀을 내리신다. "동쪽 밝은 땅으로 가거라." 우리 한민족의 또 다른 이름이 '배달'인 것은 이 때문이다.

배달민족은 '밝은 땅의 겨레'란 뜻이다. 밝은 땅 〉밝달 〉배달로 음운변화가 일어나 '배'는 '밝'의 뜻이고 '달'은 '땅'을 의미한다. 양지바른 땅을 양달이라 하고 그늘진 땅을 응달이라고 하니, 배달의 뜻은 밝은 땅인 약속의 땅이며, 배달민족은 결국 한님이 약속한 그 밝은 땅을 찾아가는 민족을 말한다. 그렇지만 배달민족은 이주로 인한 세력의 약화와 중국의 잦은 침략으로 한 많은 삶을 살게 된다. 나는 이 모든 것이 한님의 뜻이라고 생각한다.

광야를 40년이나 떠돌아다녔던 이스라엘의 고난같이 우리 민족도 한이 맺히도록 떠밀려 왔다. 이는 마치 평안함 속에 안주하지 말고 무지의 어둠에서 벗어나 지혜로운 삶으로 들어서라는 한님의 뜻일 게다. 이렇게 우리는 한님의 기대가 많은 민족이니 밝은 땅 즉, 한님이 약속하신 땅을 찾아야 한다. 밝은 땅은 바로 우리 선조들의 꿈인 '홍익인간'의 경지다. 그러므로 우리의 삶을 어둠에서 밝음으로, 전쟁에서 평화로, 억압에서 자유로, 체념에서 희망으로, 무지에서 지혜의 삶으로 바꿔 나가야 한다.

이것이 우리가 바라는 삶이지만 아직 요원하다. 제대로 잘 살지 못해 한이 맺혔으니, 지금부터라도 잘 살아 한을 풀어야 하겠다. 밝은 땅즉, 배달의 꿈을 갖고 내려온 우리가 이대로 머물러서는 안 된다. 그렇지만 어디로 가고 또 무엇을 해야 하는지도 모른다면 모든 게 물거품이된다. 최소한 우리가 '홍익인간'을 위해 무엇을 해야 하는지는 알아야겠다. 그 무엇을 찾으려는 인간의 노력이 바로 종교와 철학이다.

상고시대 때부터 고구려 발해까지 우리 배달민족은 한님을 섬기며천부경과 삼일신고 참전계경 등의 경서를 전해왔으나, 우리나라를 송두리째 집어삼키려는 중국의 잦은 침략에 모든 경서와 역사가 소실되어 하는 수 없이 타국의 종교와 철학에서 진리를 찾아야만 했다. 세상의 모든 종교와 철학이 대한민국에 들어오게 된 것은 배달민족의 구도정신이 한님을 찾으려는 열망 때문이었다. 여기에 필자가 민족의 긍지와 얼을 되찾기 위해 고찰한 우리 한민족의 신앙을 나름대로 피력하였으니, 나의 주장이 모두 맞는다고 할 수는 없지만 결과에 가서는 틀림없다는 것만은 확신한다.

한웅과 느빌림

한님의 서자 한웅이 지상에 내려와 한 일은, 인간의 삶을 바꾼 재세이화(在世理化)였다. '재세이화'란 하늘의 뜻을 세상에 펼침을 말하며 이는 석기시대 원시인의 삶을 문명인의 삶으로 바꾼 한웅의 역사다. 필자는 한웅이 하늘의 문물로 인간의 삶을 바꾼 재세이화를 인류의 문명화(文明化)라고 규정하였다.

재세이화로 석기시대 이후에는 하늘의 문물이 광범위하게 뿌려지고 인류는 찬란한 고대 문명을 꽃피우게 되었다. 이로써 「사람과 물건이 할 바가 다 이루어졌도다. 그대 수고로움을 아끼지 말고 무리 3,000을 이끌고 가 하늘의 뜻을 열고 가르침을 세워 세상에 있으면서 잘 다스려서 만세의 자손들에게 큰 모범이 될지어다.」라고 하신 한님의 뜻이 우리에게 베풀어졌다.

한웅이 지상에 내려와, 하늘에 제를 올리고 한님의 뜻을 베푸니 인간의 삶은 넉넉하게 되었다. 한웅은 책력을 제정하여 농업을 일으키고 의술을 펼치며 천문과 수리 지리 음악 예절 등을 가르침으로써 홍익인간의 길을 열어 주었다. 이제 남은 것은 한님이 우리를 무척 사랑하고 항상 우리와 함께 계신다는 것을 깨우쳐 주는 일이다. 한님은 우리와의 관계를 지속적으로 발전시키기 위해 당신의 서자 한웅을 사람의 딸과 결혼시켜 혈연관계를 맺게 하셨다. 그 피로 맺은 관계가 바로 만세의 자손들로 나타난다.

성경 창세기 6장에 「땅 위에 사람이 불어나면서부터 그들의 딸들이 태어났다. 한님의 아들들이 그 사람의 딸들을 보고 마음에 드는 대로 아리따운 여자를 골라 아내로 삼았다.」라는 문단이 있다. 이 문장은 배달민족의 고서 〈삼성기 전 상편〉의 「웅씨의 여인을 거두어 아내로 삼으시고 혼인의 예법을 정하매」에 등장한 한님의 아들이 사람의 딸과 혼인했다는 문단과 서로 일맥상통한다.

한님의 서자 한웅이 지신족인 웅씨(곰)의 여인과 혼인한 것과 성경의 한님 아들들이 사람의 딸들을 아내로 삼았다는 내용이 같음은 배달민족의 신앙이 그리스도교와 한 뿌리임을 증명하는 것이다. 여기에 웅(곰 熊)씨의 곰이란 말은, 한웅의 한(桓)과 대칭이 되는 말로, 한이 하늘의 준말이며 곰은 땅의 다른 말이다. 우리의 고대인들은 땅의 신을 곰(곰의 ㅗ는 아래 ㅏ)님이라 불렀으니 웅씨의 여인이란 결국 지신족의 여인을 뜻하는 말이다. 지신족은 하늘과 대치되는 땅의 상징이니 결국 사람을 뜻한다.

「그때 그리고 그 뒤에도 세상에는 '느빌림'이라는 거인족이 있었는데 그들은 한님의 아들들과 사람의 딸들 사이에서 태어난 자들로

서 옛날부터 이름난 장사들이었다.」 <성경 창세기 6.4>
「웅녀는 더불어 혼인할 곳이 없었으므로 신단수의 무성한 숲 밑에서 잉태하기를 간곡히 원하였다. 그래서 임시로 변화하여 한이 되고 그와 더불어 혼인하니 잉태하여 아들을 낳고 호적에 실리게 되었다.」 <삼성기 전 하편>

위의 두 문단의 내용은 한님의 아들들이 사람의 딸과 결혼하여 아들을 낳았다는 대목이다. 한님의 아들들과 혼인하여 낳은 아들을 성경에는 거인족 느빌림으로 불렀고, 배달민족은 단군이라 하였다. 한웅이 사람의 딸과 결혼하여 국조이신 단군을 낳음으로써 우리 배달민족은 비로소 한님의 친 자손이 되어 한님을 안파견(아버지)이라 부르게 되었다. 단군은 한님의 아들 한웅의 피를 이어받은 최초의 인간이다. 그러므로 천손으로서 뜻한 바가 크고 위대한 거인족이라 하지 않을 수 없다. 단군으로 유추해 보면, '느빌림'도 한님의 피를 받은 위대한 왕들로 각각 나라와 민족을 이끌어간 통치자였을 것이다.

한님의 일만 년 역사

    지금까지 우리 대한민국의 역사 교육은 토끼같이 생긴 반도 땅에 5,000년 역사만을 가르치고 있다. 그러나 이는 우리 한민족의 상고시대의 역사를 배제하고 드넓던 강역을 축소한 것이다. 고대 한민족은 일만 년 역사에 그 강역은 중국과 몽골 시베리아와 만주 그리고 한반도와 일본 열도까지 뻗쳐 있었음을 상기할 필요가 있다. 우리는 이 엄청나고 엄연한 사실을 후손에게 가르쳐 주어야 한다.

    우리 배달민족의 일만 년 역사와 강역은 중국 여러 곳에 산재해 있는 고구려의 피라미드형 고분과 광개토대왕비 등의 유적과 유산에서 찾아볼 수 있다. 또 바다 건너 일본까지 세력을 확장한 고구려의 불가사의한 일본 내 해저 고분과 백제의 칠지도와 같은 유적과 유물은 일본도 우리 강역이었음을 증명하고 있다. 그러던 것이 신라의 삼국통일 이후, 활화산 같은 고구려의 기상은 사라지고 세력 또한 크게 위축되어 겨우 명맥만 유지한 채 중국에 눌리고 일본에 치받히게 되었다. 고려와 조선을 거치면서 오랑캐의 잦은 침략으로 일만 년 한국의 역사는 불태워지고, 힘의 논리를 앞세운 중국과 일본이 왜곡한 역사를 받아 든 우리는, 면면히 전해 내려오는 밝은 민족혼마저 유린당하였다.

저들의 역사 왜곡의 본심은 우리의 종교와 철학 문화 교육 풍습 등을 훼손시키고 영토를 부정하여, 근본이 없는 민족으로 만들어 통째로 집어삼키려는 악의가 숨어있다. 지금도 중국은 동북공정으로 그 만행을 지속하고 있음을 보라! 또한 일본은 일제의 식민사관으로 배달민족의 역사 왜곡과 작금의 독도 영유권 문제, 일본 축구협회가 삼족오를 자기네 상징(엠블럼)으로 사용하는 것 등, 문화와 영토의 약탈은 옛날부터 지금까지 일관되게 이어오고 있다. 이것이 우리 역사의 현주소다. 이렇듯 다정한 이웃이 아닌 원수 같은 이웃들이 심어놓은 모화사상과 식민사관을 후손에게 가르친다면, 이는 위대한 선조들의 유산과 영토를 바르게 계승하지 못할뿐더러, 우리는 민족정신을 잃고 얼빠진 백성이 되어 또다시 그들의 노예로 전락하게 될 것이다.

사대주의 모화사상과 식민사관은 배달민족의 심장에 꽂힌 치명적인 비수가 되었다. 그 비수로 인해 저 음흉하고 흉물스러운 중국과 일본이 각색하고 왜곡한 우리 민족의 역사를 아직도 배우고 또 가르치고 있음이 매우 통탄스럽다. 주체성을 상실한 얼빠진 교육정책은 자랑스러운 선조들의 훌륭한 유산과 업적, 그리고 웅혼한 민족의 기상을 스스로 배척하고 축소하여 후손에게 전하는 우를 범하고 있다. 무책임한 지식인과 모리배 정치인, 매국노 역사학자들이 민족정신을 백척간두에 세워 놓았다.

"동북아 고대사에서 단군을 제외하면 아시아의 역사는 이해할 수 없다. 그만큼 단군조선은 아시아 고대사에 중요한 위치를 차지한다. 그런데 한국은 어째서 그처럼 중요한 고대사를 부인하는지 이해할 수 없다. 일본이나 중국은 없는 역사도 만들어내는데 한국인은 어째서 있는 역사도 없다고 그러는지 도대체 알 수 없는 일이다." 이는 고대사 세미나 중에 러시아 사학자 〈UM 푸틴〉이 한 말이다.

역사 왜곡이 심한 중국이 동북공정으로 우리의 문화와 유산을 자기네 것으로 둔갑시키고 이 나라의 영토를 호시탐탐 노리고 있음에도 배달민족의 후손인 우리는 두 눈만 멀뚱히 뜨고 구경만 하고 있다. 역사를 잃은 민족은 타국의 역사를 부러워한다. 그리고 그 나라에 편승하려고 한다. 역사를 잃었기에 중국 몽을 따라가겠다는 얼빠진 자가 생겨난다. 역사를 잊은 민족과 그 나라는 내일이 없고, 근본을 모르는 사람이 나라를 다스리면 그 시대의 백성은 필경 치욕적인 역사의 부끄러운 장면을 목격하게 될 것이다.

배달민족의 일만 년 한님 역사를 제대로 연구하고 가르치면 중국과 일본은 물론 러시아도 우리를 얕보지 못하고 두려워할 것이다. 우리가 한님과 그분의 역사에 큰 자부심과 긍지를 가지고 세계로 나간다면 그들은 물론 세계 모든 나라는 우리를 부러워하고 뛰어난 우리 민족의 문화와 민족성을 본받으려 할 것이다. 그러면 자연스럽게 우리는 주변국의 야욕에서 벗어나 세계에 우뚝 설 수 있고, 중국을 두려워하거나 부러워하는 어리석은 노예근성도 없앨 수 있다.

비록 힘의 열세를 극복하지 못해 우리의 삶을 중국에 뺏기고 조상의 혼적이 남아있는 영토를 넘겨준 채 이 땅 끝에 서 있을지라도, 또 우리의 우수한 문물을 건네준 일본에 국토가 짓밟히고 백성이 납치되는 수모를 겪었을지라도 버릴 수 없는 것이 하나 있다.

그것은 바로 '민족혼'이다. 우리의 민족혼에는 목숨보다 더 귀한 것이 들어있다. 세상을 창조하시고 만물을 주재하시는 한님이 우리 얼 속에 계시고, 우리는 반드시 그분께 돌아가야 하는 숙명이 우리 영혼 속에 새겨져 있다.

민족의 혼

'얼'을 잊지 말자.

우리는 얼을 잊지 말자는 말을 자주 쓴다. 국민교육헌장에도 "조상의 빛난 얼을 오늘에 되살려…"가 있다. 조상의 빛나는 이 얼을 잊으면 '얼빠진 놈'이 된다. 하지만 우리는 얼이 무엇인지 정확히 모른다. 얼을 알아야 다시 살리든지 말든지 하지, 아무것도 모르고 어찌 되살린다는 말인가? '얼'은 spirit 즉 정신인데, 조상의 정신이 어떻다는 것인가? 되살려야만 한다면 분명 그 얼은 자랑할 만한 가치가 있고, 어쩌면 빛나는 얼이니 지극히 영광스러운 것인지도 모른다. 우리에게 좋은 것이니 꼭 찾아야겠다. 그리하여 조상의 빛난 얼을 긍지로 삼고 살아간다면 한층 가볍고 신명 나는 세상살이가 될 것이다.

우리 민족을 한민족이라 부르는 것은 한님의 피를 이어받은 한의 백성이란 뜻이다. 한민족의 정신은 항상 한님의 뜻과 같아야 한다. 그러니 우리의 얼 속에는 한이 계시고 우리의 정신은 그분에게서 나왔으니 우리는 그분께 꼭 돌아가야 하는 숙명이 들어있다.

배달민족의 '배달'의 어원은 '밝은 땅'에서 나오고 이 말이 음운법칙으로 '밝달'로 변하고 다시 '배달'로 변하였다고 학계에서는 보고 있다. 그리하여 배달민족은 밝은 땅을 찾아가는 민족으로 해석된다. 그러나 필자는 한 발 더 나가서 굳이 땅뿐만이 아니라 평화와 예의를 중시하고 (東方禮儀之國) 천사를 상징하는 흰옷을 즐겨 입는 백의민족으로서, 한님의 깨끗한 백성을 지향하고 그분의 나라를 찾아가려는 위대한 민족이라고 덧붙이고 싶다. 이런 정신이 조상의 빛난 얼이 아닐까? 그렇다면 하늘나라를 상징하는 '밝은 땅', 즉 배달은 우리에게 세상에서 가장 자랑스러운 이름이 될 것이다.

2백여 년 전 '만세의 자손'인 우리 배달민족이 한님의 적자를 모셔왔다. 우리 배달민족이 밝은 땅을 찾아가는 위대한 민족임을 증명한 사건이었다. 모양 없이 존재하시고 소리 없이 말씀하시는 배달의 한님을, '나는 알파요 오메가다' 하신 한님을 아버지라 부르는 '예수 그리스도'를 우리 신앙의 선조들이 모셔와서 모진 박해와 죽음으로 우리에게 전해주었다. 그것은 배달민족의 신앙이 그리스도교와 일치하기에 가능하였고, 배달민족은 세계에서 선교사 없이 예수를 받아들인 유일한 민족이 되었다.

역사 교육의 중요성

　삶을 고찰하여 나아갈 방향과 목표를 설정하는 일은 아주 중요하다. 그런 의미에서 역사에 기록된 한민족의 이름은 우리 대한민국의 목표 설정에 아주 중요한 역할을 한다. 한민족은 한님의 백성이고, 배달민족은 밝은 땅을 찾아가는 민족, 즉 한님의 나라를 찾아가는 민족이란 뜻이다.

　한민족의 이름과 역사는 대한민국의 자부심이며 국민이 나아갈 방향을 제시하는 이정표다. 우리는 이 역사의 긍정적인 모습은 극대화하여 민족의 자긍심을 높이고, 잘못된 점은 부각하여 재발하지 않도록 후손에게 가르쳐야 한다. 한때 중원에서 오랑캐를 무찌르며 포효했던 한민족이 남하 정책에 의해 신시(神市)의 강역을 지나(차이나)족에게 넘겨주고 밝은 땅을 찾아 내려오자 우리는 치욕의 역사가 시작되었다.

　북쪽의 중국은 중화사상으로 우리 민족에게 끊임없이 굴종을 강요했고, 또한 남쪽의 일본은 우리를 강제로 36년 동안 합병하고 배달민족의 일만 년 역사를 식민사관으로 왜곡하여 한민족의 근본을 날조하였다. 외세에 의한 질곡의 역사는 한님의 신앙도 불교와 유교에 자리를 넘기고, 한님을 그저 옛날이야기로 취급하여 배달민족을 근본이 없는 떠돌이로 만들었다. 배달민족의 근본인 한님을 잊는다면 배부른 돼지로 살 수는 있겠으나, 사람답게 살다가 하늘나라에 돌아가는 영광은 얻지 못할 것이다.

작금의 대한민국의 역사 교육은 세계 문명의 본산(本山)인 우리 민족의 홍산문명(紅山文明)을 도외시하고, 식민사관과 모화사상으로 날조한 역사를 계속해서 학생에게 가르치고 있어 대한민국의 미래를 암울하게 하고 있다. 공산주의 사상에 물든 종북좌파 전교조가 이승만 박정희 두 대통령의 기적 같은 건국과 경제개발의 위대한 업적을 깎아내리고, 김일성과 그 족속을 우상화하는 천인공노할 주체사상으로 학생들의 역사관을 더욱더 오염시키고 있다.

학생들은 바른 역사를 배우지 못하고 전교조에 의해 왜곡된 역사만 배우기에, 민족의 자긍심이 손상되고 국가에 대한 자부심이 사라졌다. 중국은 중화사상을 만들어 스스로 국격을 높이는 데 반해, 우리나라 좌파는 배달민족의 우수한 문화와 경이로운 대한민국의 건국, 눈부신 경제발전의 기적을 스스로 폄훼하고 민족을 노숙자로 만들어 놓았다. 그러니 뜻있는 사학자들은 하루속히 왜곡된 역사를 고쳐서, 우리 후손들이 한민족의 긍지를 되찾게 올바른 역사관을 정립해 주어야 한다. 우리는 한님의 올바른 역사를 후손에게 전해 주어야 할 의무가 있다.

우리 민족의 경전과 고서들은 모두 한자로 기록되어 있다. 경서 안에 선조들의 삶과 신앙과 역사를 폭넓게 이해하려면 한자도 가르쳐야 한다. 한자를 배우는 것이 어렵다고 하여 배우지 않으면 역사를 알지 못하고 하느님도 소홀히 취급할 것이다.

한민족 문화의 우수성은 신시 시대의 가림토 문자의 사용에서도 나타난다. 아울러 중국의 한자 역시 동이족인 태호 복희씨가 만들었다는 설을 필자는 깊이 공감한다. 우리의 말과 글이 풍부하고 우수한 것은 한자를 혼용하고 있기 때문이다. 앞으로도 말과 글인 커뮤니케이션 즉 의사 소통 수단은 세계화 그리고 선진화의 선봉이므로 창의적이고 풍요롭게 구사할 수 있어야 한다.

백과사전에 가림토를 찾아보면 "가림토 문자는 기원전 22세기에 고조선에서 만들어진 한단고기에 등장하는 가공의 문자이다. 역사 학계와 언어 학계에서는 위서로 보는 〈환단고기〉를 제외한 다른 문헌에서 전혀 언급되지 않고 실제로 사용되었다는 증거도 없기 때문에 가림토의 존재를 인정하지 않는다."라고 하여 또다시 사대주의적 발상에서 벗어나지 못하고 있다. 이들 역사 학계와 언어 학계의 대부분 인사들은 일제와 오랑캐가 조작한 역사를 우리의 참 역사인 줄 알고 한단고기를 위서로 확신하고 있다. 그들은 오랑캐가 침략하면 먼저 모든 문헌이 저장된 사고부터 불질렀던 만행을 모른단 말인가? 또 가림토 문자의 존재마저도 부정하고 있음은 심히 이 나라의 역사 교육의 앞날이 한심스러울 따름이다.

중국의 동북공정

한웅이 인간 세상에 내려와 세상을 주관하고 교화할 때, 곰의 무리
와 이웃의 호랑이 무리가 "원컨대 변하여 신계의 한 무리가 되게 해
주소서." 하고 신단수에서 빌었다. 이에 한웅이 "가르쳐 줄 지어다"
라고 말하였다. 마침내 주술로써 몸과 정신을 바꾸고, 먼저 신이 만
들어 놓은 영혼을 고요하게 하는 것을 내놓으니 즉 쑥 한 다발과 마
늘 스무 개라, 이에 경계하여 가로대, "너희들 이를 먹고 햇빛을 백
일 동안 보지 않으면 쉽사리 인간다움을 얻으리라." 하였다.

곰과 호랑이의 두 무리가 모두 이를 얻어먹고 삼칠일 동안 꺼렸는
데, 곰은 기한을 잘 지켜 타이름을 따르매 모습을 얻게 되었지만, 범
은 게으르고 참을성이 없어서 금지하는 바를 제대로 실행하지 못하
니 좋은 결과를 얻지 못하였다. 이는 이들의 두 성질이 서로 닮지 않
았기 때문이니라. 웅녀는 더불어 혼인할 곳이 없었으므로 신단수의
무성한 숲 밑에서 잉태하기를 간곡히 원하였다. 한웅이 짐짓 사람
이 되어 그와 더불어 혼인하니 잉태하여 아들(단군)을 낳고 호적에
실리게 되었다. 「임승국의 한단고기 삼성기 전 하편」

삼성기에 우리 민족을 상징하는 곰 부족과 중국을 상징하는 호랑이

부족의 이야기가 나온다. 필자는 천자 한웅 때부터 얽힌 중국과의 적대적 관계를 돌이켜 보고, 이때부터 시작한 그들의 사악한 야욕이 아직도 동북공정으로 진행하고 있음을 전하려 한다. 쑥과 마늘을 먹으며 기한을 잘 지킨 곰 부족인 우리는 인간다움을 얻어 신계의 한 민족이 되었는데, 호랑이 부족인 중국은 이를 지키지 못해 불신자의 나라가 되었다. 지금도 종교를 금하고 있는 것을 보면 중국은 아직도 신계에 들지 못한 금수의 나라임이 명백하다.

신시 시대 때부터 끊임없이 전쟁을 일으키며 우리와 악연을 이어온 중국은 배달민족이 남하한 후에 중원의 여러 민족을 병합하여 세력을 확장하였다. 더욱 강성해진 세력으로 영혼을 고요히 하고 평화를 지키려는 우리에게 번번이 트집을 잡고 지속적으로 침략한 본질적인 이유는, 천자 한웅의 가르침을 받아 신계의 무리가 된 배달민족의 모범적인 삶과 신앙을 탐내고 시기하기 때문이다.

오늘날의 중국은 2002년에 시작된 중국 역사연구 프로젝트인 동북공정으로 대한민국의 역사를 자기네 역사로 바꾸고 있다. 그 의도는 우리나라를 중국에 속한 소수민족의 하나로 세계에 알리어 열강보다 먼저 우위를 점하기 위한 포석이다. 동북공정의 목적은 이미 중국의 영향력 아래에 있는 북한을 자기네의 속국으로 삼았듯이 한국에서 반미 운동을 부추겨 미군이 철수하면 대한민국을 중국의 소수민족으로 삼는 데 있다.

그렇기 때문에 우리는 조선족 위구르족 티베트족 등 수많은 소수민족들이 중국 공산당에 합병되어 폭정에 시달리고 있음을 눈여겨보고, 중국 오랑캐의 동북공정에 강력하게 대응해야 한다. 불현듯 배달민족의 설화가 새삼스럽게 다가온다. 선조들은 피할 수 없는 중국과의 악연을 '떡장수 할머니와 호랑이'의 이야기로 빗대 자손 대대로 이어지는 중국과의 악연을 경계하였다.

떡장수 할머니와 호랑이

세상의 모든 나라에 전설이 있듯이 우리나라에도 옛날부터 내려오는 설화가 많다. 특히 권선징악의 설화가 많은데 그중 하나가 떡장수 할머니와 호랑이다. 이 설화를 필자가 다시 꾸며 보았다.

「옛날에 아주 먼 옛날에 어느 산골 마을에 떡 장사를 하는 할머니와 세 남매가 살고 있었어요. 어느 날 할머니가 떡을 팔고 돌아오는 길에 커다란 호랑이가 나타나 "할멈 할멈, 떡 하나 주면 안 잡아먹지." 하고 을러댔어요. 할머니는 너무 무서워 떡을 하나 얼른 주고 부지런히 산길을 갔어요.

힘겹게 달려가는데 호랑이가 다시 앞을 가로막고 또 떡을 달랬어요. "할멈 할멈, 떡 하나 주면 안 잡아먹지." 하고요. 그래서 할머니는 또 떡을 주고 부지런히 산을 넘어갔어요.

그러자 호랑이는 먼저 앞질러 와서 또다시 떡을 달라고 재촉했어요. 하는 수 없이 할머니는 떡을 모두 주고 도망치듯 달렸어요. 산을 넘어 집에 다다를 때까지 호랑이는 번번이 나타나 할머니의 팔과 다리와 몸통을 차례로 잡아먹고, 이제는 아이들까지 잡아먹으려 할머니 옷을 입고 문을 두드렸어요.

아이들이 누구냐고 물으니 호랑이는 "나다 할미가 왔다. 문을 열어 다오." 하고 말했어요. 그러자 아이들은 할머니의 목소리가 아닌 줄 알고 손을 보여달라고 했어요.

호랑이는 문 아래 틈으로 손을 내밀어 보이면서 "방앗간에서 일해 이렇게 거칠게 되었다." 하고 속였어요. 마침내 호랑이가 방에 들어가 어린 막내를 잡아먹었어요.

이를 본 오누이는 겨우 도망쳐서 우물가에 있는 큰 나무에 올라가 피했어요. 호랑이가 아이들을 찾다가 우물 안을 들여다보니 아이들이 그곳에 있었어요. 호랑이는 너무 좋아 어떻게 그곳에 들어갔느냐고 물었더니 누이가 그만 웃음을 터트렸어요.

이 웃음소리를 듣고 위를 쳐다보니 아이들이 나무에 있었어요. 호랑이가 나무에 오르려니 배가 불러 오르지 못하고 다시 물어보았어요.

"얘들아! 너희는 어떻게 나무를 그렇게 잘 타냐? 나도 올라가고 싶은데 어떡하면 올라갈 수 있느냐?" 하고. 그러자 오라비가 "참기름을 바르고 올라오면 쉬워요." 그 말을 듣고 참기름을 바르고 오르니 너무 미끄러워 올라갈 수 없었어요.

호랑이는 화가 나서 말했어요. "애들아 너무 미끄럽구나, 어떡하면 올라갈 수 있느냐?" 그때 누이가 도끼로 찍고 올라오라고 가르쳐 주었어요, 호랑이가 도끼로 찍으며 오르자 어린 오누이는 한님께 빌었어요.

"한님 한님 저희를 살리시려면 새 동아줄을 내려 주시고 아니면 썩은 동아줄을 내려 주세요." 그러자 하늘에서 새 동아줄이 내려와 무사히 하늘에 올라가 위험에서 벗어났어요.

호랑이도 오누이가 한 대로 똑같이 한님께 빌었어요. 그런데 호랑이는 자기가 악한 줄은 알고 거꾸로 말했어요. "한님 한님 저를 구하시려면 썩은 동아줄을 내려 주시고 아니면 새 동아줄을 내려 주세요." 하고 거짓으로 빌었어요.

그러자 하늘에서 썩은 동아줄이 내려와 호랑이는 그걸 잡고 오르다가 그만 줄이 끊어져 수수밭에 떨어져 죽었어요. 그때 죽은 호랑이 피에 수수깡이 붉게 되었어요. 하늘에 올라간 두 오누이는 해와 달이 되었는데, 달이 된 누이가 밤이 무섭다 하여 오라비와 바꾸어 해가 되고 오라비는 달이 되었어요.』

우리의 설화는 권선징악의 교훈을 주는 내용이 대부분이다. 이 떡장수 할머니와 호랑이는 권선징악의 표본이고 우리와 중국의 삶과 그 역사를 빗댄 설화일 것이라 필자는 생각한다.

중국은 단군신화에 곰과 함께 등장한 호랑이로서 매우 사납고 용맹하며 남을 해하는 데 능하고 자비롭지 못한 민족이다. 번식력이 좋아 그 인구의 수는 세계에서 단연 으뜸이다. 우리 민족과는 악연이 더 많아 그 이야기가 떡장수 할머니와 호랑이의 설화로 내려왔을 것이다. 떡장수 할머니는 우리가 사는 방식이고 역사이며 터전이다. 어린 삼 남매는 한민족으로서 먹고 살기가 힘들었지만 평화롭고 행복하게 살아가는 우리의 모습이다.

그러나 어느 날 호랑이가 나타나 할머니인 배달민족의 삶과 역사와 터전을 강제로 뺏고 목숨까지 내놓으라고 찾아왔다. 중국은 우리나라를 끊임없이 침략하면서 삶의 터전을 뺏고 문화를 훔친 것도 부족해 이제는 동북공정으로 우리의 역사마저 내놓으라고 한다. 중국은 조선족도 자기네 민족이며 그들이 부르는 아리랑도 중국의 문화재로 유네스코에 세계 무형 문화유산으로 등재하려 했다. 더욱이 중국의 영토 안에 있는 배달민족의 모든 유적과 유산도 자기네 것으로 둔갑시키고 있다.

보라! 지금도 우리 대한민국을 아직도 합치지 못한 자기네 소수 민족쯤으로 여기고 있지 않은가? 그들의 죄악이 하늘에까지 뻗치게 되면, 광개토태왕과 치우천황이 다시 내려와 그들을 징벌할 것이다. 중국을 호랑이로 비유한 '떡장수 할머니와 호랑이'의 설화는 항상 우리의 영토를 침범하여 삶과 문화와 역사를 뺏고 주권마저 노리는 중국의 동북공정을 경계시키기 위한 배달민족의 설화로 볼 수 있다.

필자가 이 설화에 덧붙인 이러한 의미는, 하느님 백성인 배달민족의 삶이 결국에 가서는 새 동아줄인 예수 그리스도를 붙잡고 하늘에 올라가 해가 되고 달이 되어 영원히 산다는 희망찬 우리 민족의 이야기다.

제4장

배달민족의
도(道)

구도(求道)

돌아다 보니
정말 정신 없이 달려왔다.

어디서 와서
어디로 가는지,

삶은
하루하루를 맴돌다,

무심한 파도에 떠밀려
지금 여기에 와 있다.

그나마
즐거웠던 순간들이,

포말이 사라지듯
어느새 자취를 감추고,

외롭고 허허로움이
파도 되어 가슴 덮칠 때,

난 무엇을 위안 삼고
무슨 힘으로 살아가나?

가난한 나는
길을 찾아 나선다.

하나뿐인
내 삶을 위하여.

도(道)?

우리의 삶에 가장 중요한 것은 무엇일까?

돈일까?
명예일까?
아니면 무소불위의 권력일까?
이도 저도 아니면, 혹시 하나뿐인 목숨일까?

그러나 이 모든 것보다 훨씬 더 귀한 게 있다.

그것은 '道'다.

도가 우리에게 가장 귀하고 중요하다.
도를 구하는 것이 옛날부터 인류의 큰 과제였다.

기원전 중국의 공자는 아침에 도를 들으면 저녁에 죽어도 좋다 하였고, 희랍의 소크라테스는 구도에 대한 자신의 신념을 죽음으로 증명하였다. 또 카필라의 왕자 싯다르타는 도를 얻기 위하여 자신의 왕국을

제4장 배달민족의 도(道)

버리고 죽음을 무릅쓴 고행 길에 나섰다. 도대체 '道'가 무엇이길래 한 나라의 왕자 싯다르타가 부귀영화를 버리고 누더기를 걸쳤으며, 노나라 공자는 '도'가 어떻길래 드넓은 중국 땅을 떠돌아다녔고, 희랍의 소크라테스는 왜 죽음을 순순히 받아들였을까?

우리는 이 성인들을 익히 알고 있지만, 그들이 얻은 도를 깨닫고 이해하지는 못하고 있다. 깨달으라고 했지만 무엇을 깨달아야 하는지, 삶을 어떻게 살고 왜 내 자신을 알아야 하는지. 그들의 방대한 경전과 난해한 학문은 현세를 사는 우리의 척박한 삶에 짧고 명쾌한 정의를 내려주지 못하였다. 과연 그들은 「道」를 보았을까? 성인들이 그토록 찾아 헤맸던 도와 그 깨달음은 무엇일까? 그리고 그들의 철학과 도와 사상이 우리에게 쉽게 전달되지 못한 것은 무엇 때문일까?

그것은 성인들이 참된 '도'를 보지 못했기 때문일 것이다. 그 시대에 참된 도가 출현하지 않았기 때문에 지금도 서점가에는 철학서가 범람하고, 급기야 궤변론자의 엉터리 철학까지 양산하게 된 것이 아닐까? 그렇다면 「道」가 무엇인지 우리가 새로운 각도에서 다시금 조명해 보자.

도의 유형

'道'는 길이다. 길에는 구상적인 길(路)과 추상적인 길(道)이 있는데, 路는 주로 동물들의 발자취로 만들어진 길을 말하고, 道는 섭리, 방법, 규범, 기술 등의 추상적 개념의 길로 많이 표현된다. 路가 출발과 진행 그리고 종착으로 구성되어 있듯이 道에도 처음과 진화 그리고 맺음의 단계가 있다. 이렇게 모든 길은 생(生) 성(成) 멸(滅), 즉 나고 이루고 끝나는 3단계로 구성되어 있다.

이 법칙이 모든 피조물에 적용되어 있으므로 도가 만물에 내재되어 있다고 말한다. 그러나 생명이 있는 피조물은 이 법칙 위에 원시반종의 섭리가 적용되어 있어 생 성 멸을 반복하는 순환의 도로 이루어졌다. 도는 다음과 같이 **4차원의 유형**으로 나눌 수 있다.

◆ **1차원의 도 ; 생 성 멸의 고정** [예 - 연필]

1차원의 도는 일직선으로 된 100m 육상 경주와 같다. 그 길은 한번 달리고 나면 끝나는 것이다. 그것은 생 성 멸의 3단계가 고정되어 있어 마치 심이 다 닳으면 쓰임을 다하는 연필과 같다.

◆ 2차원의 도 ; 생 성 멸의 변화 [예 - 만년필]

2차원의 도는 굽은 200m 달리기와 같다. 이는 생 성 멸이 변하고 진화한 것으로 마치 연필에서 만년필로 발전한 것과 같으나 영원히 쓰지는 못한다.

◆ 3차원의 도 ; 생 성 멸의 순환 [예 - 생물의 번식]

3차원의 도는 원형 경기장의 트랙과 같은 길이다. 이는 순환하는 도로, 생 성 멸을 반복하는 원시반종의 법칙인 씨의 원리가 적용된다. 생명이 있는 모든 피조물은 DNA가 같은 또 다른 씨를 만드는데, 본래의 것은 사라져도 복제품인 2세가 만들어져 대를 잇게 된다.

◆ 4차원의 도 ; 생 성 멸과 부활 [예 - 오직 인간]

4차원의 도는 죽어 없어지지 않고 부활하는 인간의 초월적 지위의 도다. 영(靈)과 육(肉)으로 창조된 인간의 3차원의 육신은 DNA가 같은 2세를 낳고 죽지만, 4차원의 영은 부활하여 영원한 삶을 부여 받는다.

기원전의 성인들이 찾고자 했던 도(道)는 부활하여 영원히 사는 길이다. 그 결과 부처는 생로병사의 인간의 삶 안에서 하늘에 돌아가기 위한 길을 찾아 수행하는 불교의 창시자가 되었고, 공자는 유교를, 소크라테스는 철학의 아버지로서 기원전 구도의 선구자가 되었다.

자세히 살펴보면 고대 문명의 불가사의한 건축물과 수수께끼의 문양과 그림 속에서도 도를 찾을 수 있고, 우리의 신앙과 철학 안에서도 도를 발견할 수 있다. 고대의 상징물과 경전 그리고 기도문, 즉 우로보

로스 천부경 삼일신고 삼족오 주의 기도 등은 대대로 내려오는 도(道)의
유형들이다.

우로보로스

    동서양의 고대 문명에는 불가사의한 건축물과 구조물 삼족오 외에 수수께끼의 문양이 많이 발견되는데 그중에 뱀이 자기의 꼬리를 물고 있는 우로보로스는 수 세기를 걸쳐 여러 문화권에서 공통적으로 발견된 문양이다. 위키백과에 있는 것 중에 일부분을 간략하게 정리해 보았다. 여기에 필자가 새롭게 고찰한 소견을 조금 첨부한다.

우로보로스

「우로보로스는 그리스어로 '꼬리를 삼키는 자'라는 뜻으로 커다란 뱀이나 용이 자신의 꼬리를 물고 삼키는 둥근 모양의 형상인데, 이 상징은 시작이 곧 끝이라는 의미를 지녀 윤회 사상 또는 영원성의 상징으로 인식됐다. ─중략─ 무한히 회전한다는 점 때문에 우로보로스에게 '불사' '무한'과 같은 의미가 주어졌다고 하며, 그 속에는 탄생과 죽음을 끝없이 되풀이하는 '시간'이라는 의미도 포함되어 있다.」 <위키백과>.

지금까지의 세상의 지식은 자기의 꼬리를 물고 있는 우로보로스는 누가 언제 왜 만들었으며, 무엇을 상징하고 어떻게 동서양의 고대 문화에서 공통적으로 발견되었는가에 대한 정확한 설명이 없다. 필자는 이것을 추리와 상상력을 동원해 고찰해 보았다. 결국 우로보로스가 머리와 꼬리가 합쳐짐으로써 원시반종(原始反終)을 이룬 도를 표현한 상징물임을 추리하고, 배달민족의 경전 천부경에서 그 실체를 찾아냈다.

우로보로스는 '내가 시작이요 내가 마감이다.'라고 하신 한님과 그 섭리(道)를 표현한 상징물로, 한님의 아들들이 6,000년 전 원시인류에게 하늘의 문물로 동물의 삶에서 벗어나게 하고, 모든 피조물 위에 오로지 한님을 섬기는 거룩한 인간으로 거듭 태어나게 할 때 교재로 사용하였다는 것이다. 배달민족의 역사로 고찰하면 우로보로스를 교재로 만들어 사람에게 가르친 주체가 바로 한님의 아들들이라는 것까지 유추가 가능하다. 따라서 이 우로보로스는 한님 아들들의 존재를 확인해 주는 중요한 단서가 된다.

한님의 천지 창조는 아무것도 없음에서 먼저 열두 개의 시간을 만드시고, 그 시간을 돌리시어 처음과 끝을 묶으시니 이에 한 처음의 세상이 시작하였다.

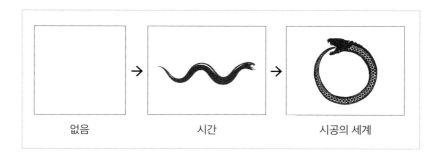

| 없음 | 시간 | 시공의 세계 |

　이렇게 처음과 끝이 맞물려 시작한 머리가 없어지고 끝난 꼬리가 없어져서 영원히 돌아가는 시간으로 공간을 감싸니 이것이 우로보로스며 시간과 공간으로 만들어진 이 세상이다.

　「지금도 계시고 전에도 계셨으며 또 앞으로 오실 전능하신 주 한님께서, '나는 알파요 오메가다.'라고 말씀하십니다.」 요한 묵시록의 말씀을 다음과 같은 구도로 설정해 보자.

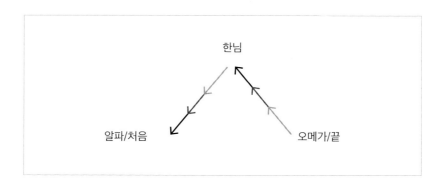

우로보로스의 머리는 처음인 알파이고 꼬리는 끝인 오메가다. 우로
보로스의 몸통은 처음과 끝을 가진 시간으로 표현된다. 인간을 비롯한
모든 피조물은 생 성 멸의 순환 속에 세상을 살아가는데 아래와 같은
구도를 우리는 운삼사(運三四)라고 하자.

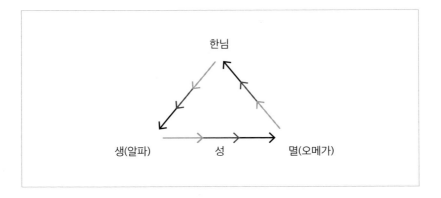

도의 구도^(構圖)

도(道)는 조물주의 섭리로서 인간을 포함한 모든 피조물에 적용된다. 세상의 모든 피조물은 나고 살고 죽는, 생(生) 성(成) 멸(滅)의 과정을 꼭 거치기 때문이다. 멸(滅)은 죽음과 완성의 의미를 포함하고 있다.

도는 三과 四로 운용되는데(運三四), 이는 생 성 멸의 과정을 3(三)으로 하고, 처음과 끝이 맞물린 혼(混)의 세계 4(四)로 들어가는 구도로 되어있다. 어떤 존재가 멸로 끝나지 않고 영원하기 위해서는 끝이 시작과 맞물려 뒤섞인 4차원의 세계가 있어야 한다. 앞에서 필자는 이러한 구도를 운삼사의 구도로 칭했다.

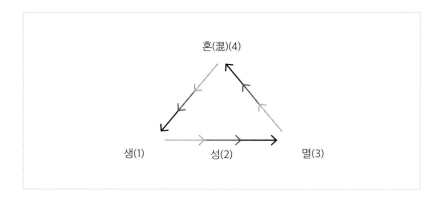

불가에서는 인간의 삶을 생(生), 노(老), 병(病), 사(死)의 4단계로 나누지만, 늙고 병드는 것은 생과 멸의 과정인 성(成)에 해당하므로 생로병사 역시 생 성 멸의 도(道) 위에 있다.

씨는 맺음과 열림이 혼재한 상태다. 한 알의 밀은 과거에도 한 알의 밀이었고 현재에도 한 알의 밀이며 미래에도 한 알의 밀일 것이다. 이렇게 과거(生) 현재(成) 미래(滅)를 뭉뚱그려 놓은 한 알의 '씨'는 그 자체로 하나의 도(道)를 내포하고 있다. 물질(宇)인 씨에 시간(宙)의 도가 적용되면 원시반종이 이루어져 존재가 영원히 지속한다.

하루가 아침 점심 저녁으로 이루어졌다면 밤은 아침과 저녁이 혼재한 씨이고, 한 해(一年)가 봄 여름 가을로 이루어져 있다면 겨울은 봄과 가을이 혼재한 씨가 된다. 그래서 하나를 잡으면 셋을 포함하고 셋을 모아 하나로 돌아가는 삼일의 근본원리(執一含三 會三歸一)가 적용된 씨는 끝없이 생 성 멸을 반복하게 되어있다.

삼일의 원리를 통해 순환하는 씨는 똑같은 DNA를 가진 2세를 만들어 조물주 한님의 위대한 창조를 이어간다. 그러므로 씨의 생 성 멸의 원리는 섭리로서 한님의 창조를 이어가는 절대법칙이다. 사람 역시 이 섭리 안에 있지만 다른 피조물과는 큰 차이가 있다. 일반적인 씨는 내가 아닌 DNA가 같은 복제품을 생산하는 것이지만, 사람은 복제품 이외에 나 자신도 부활하는 것이다. 인간은 이 부활에 의해 영원히 사는 초월적 존재가 된다.

사람이 잘 사는 방법과 길(道)을 찾는 학문이 철학이다. 동서고금의 모든 철학은 '나'를 규명하고 삶을 고찰하여 제대로 잘 사는 길을 찾는 학문이다. 따라서 유교 불교 도교 등은, 기원전의 선각자가 자신을 수양하고 인류의 잘 사는 삶을 추구한 철학이다.

도(道)는 지식의 학문이기보다는 지혜의 철학이다. 애초에 선각자에게는 마땅한 스승이 없어 도를 터득하기가 어려웠고 시행착오도 많이 겪었을 것이다. 많은 경험과 깨달음이 그들의 학문을 방대하게 만들어 보통 사람이 배우고 익히기 무척 힘들게 하였다. 그렇지만 여기 삼일신고의 성통공완에 의해 모든 도(道)가 쉽고 명확하게 풀렸다. 이 삼일신관은 한민족의 으뜸가는 철학이며 사상이다. 그러므로 우리 민족 최고(最古)의 경전을 최근에 나타난 대종교, 천도교 등의 경전으로 고착화 및 편협화 해서는 안된다.

삼일신고의 도(道)는 한님으로부터 생명을 받은 사람의 일생을 일신강충(一神降衷) 성통광명(性通光明) 재세이화(在世理化) 홍익인간(弘益人間)의 구도(構圖)로 표현하고 있다. 이것을 성통공완(性通功完)이라 하며 성통공완은 어떤 주체가 일생의 도를 완성함을 뜻한다. 이 구도를 우리는 삼일신관이라 한다.

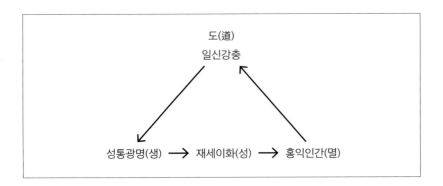

　배달의 신앙은 이렇게 일신을 언급함으로써 불교와 유교 등과 구별되는 종교가 된다. 부처는 제자들에게 자신은 신앙의 대상이 아니라고 했으니 불교는 삶의 길을 구하는 철학에 지나지 않고, 유교 역시 하늘의 율법을 유추하고 인간 사회의 규범을 제정한 성인의 학문에 불과하다.

천부경(天符經) 주해

유대인에게는 탈무드, 아랍인에게는 코란, 인도에는 불경, 중국에는 사서삼경 그리고 그리스도인에게는 성경이 있다면, 우리 배달민족에게는 세계 최고(最古)의 경전 천부경이 있다. 천부경은 우리 민족의 첫 번째 나라인 한국(桓國)을 다스리던 한님의 천지창조와 섭리(道)를 기록한 경전이다.

한국(桓國 BC7197 ~ 3896)에서 구전으로 전해지던 천부경을 약 6,000년 전에 배달국을 창건한 한웅이 신지 현덕에게 명하여 처음으로 녹도 문자로 성문화 하였고, 배달국을 잇는 고조선의 단군왕검이 다시 전서로 전했으며 신라 말 고운 최치원 선생이 이를 묘향산 석벽에다 각석하여 전하였다고 한다.

한단고기의 삼성기 하편에 「BC 3698년 고대 배달민족의 신시시대에 '한웅천왕께서 처음으로 하늘에 제사를 지내고 백성을 낳아 교화를 베푸시며 천부경을 강(講)하시고 삼일신고를 연(演)하여 크게 군중을 가르치셨다.'」라고 되어 있는데, 이는 천부경과 삼일신고가 고대 배달국의 신앙 교본이었음을 말해준다. 천지창조의 내용을 담은 천부경은 총

81자의 글자로 그 내용은 1에서 10까지의 수리 역으로 이루어졌다. 천
부경에 대한 필자의 해석은 마치 티끌 하나로 태산을 유추하는 것 같지
만, 기존의 여러 해석과 학설과는 무관하게 필자의 소견을 피력하고자
한다. 이것은 주관적인 탐구에 의한 것이니 꼭 맞는다고 고집하지는 않
겠다.

참고로 천부경은 어느 누구도 완벽하게 해석할 수는 없다. 또한 그
것을 우리가 꼭 숙지할 필요도 없다. 천부경의 이해와 깨달음은 믿음의
신앙과는 별개의 문제이기 때문이다. 그러나 성경의 구약 같은 천부경
을 어느 정도 이해하게 되면 한님과 천지창조의 비밀은 조금이나마 엿
볼 수는 있을 것이다. (천부경을 처음 볼 때는 생소하여 열에 하나도 안 들어오지
만, 열 번을 보면 열에 한둘은 들어오고, 자꾸 보면 조금씩 이해하게 된다. 그래도 어려
우면 건너뛰어도 '돌아가는 길'을 찾는 것과는 상관없다.)

한님의 서자 한웅이 우리 한민족을 천부경, 삼일신고, 참전계경(율법)
으로 교화하였는데 천부경의 81자는 다음과 같다.
「一始無始一 析三極 無盡本 天一一 地一二 人一三 一積十鉅 無櫃化
三 天二三 地二三 人二三 大三合六 生七八九 運三四 成環五十 一妙衍
萬往萬來 用變 不動本 本心本太陽 昻明 人中天中一 一終無終一」

필자는 천부경을 생 성 멸의 도(道)에 대입하여 다음과 같이 해석하
였다.

(混) [一始無始一]

한이 시작했으나 시작한 한이 없어졌다.

(生)[析三極 無盡本 天一一 地一二 人一三 一積十鉅 無櫃化三 天二三 地二三 人二三 大三合六 生七八九]

한을 크게 셋으로 나누어 다함이 없는 근본이 되게 하셨으니, 하늘 한이 첫 번째요, 땅 한이 두 번째요, 사람 한이 세 번째다.

하나가 쌓여 10으로 꽉 차는데 그것은 3에서 기인한다. 하늘의 음양 2가 3을 낳고, 땅의 음양 2가 3을 낳고, 사람의 음양 2가 3을 낳는다. 이 첫 번째 큰 3(만물을 생성하는 수)이 다시 짝을 만나 6이 되면 7, 8, 9의 세상을 꾸미는 수가 생겨난다.

(成) [運三四 成環五十 一妙衍萬往萬來 用變 不動本]

세상은 3과 4의 수로 운용되며 그 고리(環, 道)는 5와 10으로 이루어진다. (1년은 3개월씩 4계절로 운용되며, 태양은 5년을 한 주기로 돌고, 별은 10년을 주기로 순환한다. 고리는 중앙을 비롯해 동 서 남 북의 5방으로 이루어져 있고, 그 둘레는 꽉 찬 숫자 10으로 되어 있다.)

한님의 섭리가 묘연하여 만 번을 오가도 똑같진 않으나, 그 근본은 움직이지 않는다.

(滅) [本心本太陽 昻明 人中天中一]

사람의 본 마음이 태양처럼 밝은 것은, 사람에게도 하늘의 한님이 계시기 때문이다.

(混) [一終無終一]

한이 끝났으나 끝난 한이 없어졌다.

천부경은 한님의 천지창조와 운용의 묘와 그 도를 숫자로 함축한 경전이다. 81자에 모든 것이 은유되어 그 의미 하나하나가 너무 심오하여 어느 한 마디로 설명할 수 없다.

예를 들어, 일시무시일 중에 일(一)의 해석을 하나로 보고, 「하나(一)가 시작하였으나 시작한 하나가 없어졌다.」라고 직역할 수 있으나, 일(一)의 의미는 하나란 숫자 의미 외에 어떤 존재일 수가 있고 이 세상일 수도 있다. 그러므로 무시(無始)와 무종(無終)의 한(一)은 시작도 없고 끝도 없는 영원을 말한다. 이렇게 천부경의 해석은 단순히 글자를 해석하는 것보다 뜻으로 음미하는 것이 옳다고 본다.

임승국 님이 주해한 『한단고기』에 의하면 "81자의 천부경을 해석하는 데 한문 실력의 우월 따위는 결코 문제 밖의 일이며 동양철학이나 역학, 주역 및 수리 지식이 결정적인 요소가 된다. 따라서 천부경의 소중함을 목마르게 강조하는 학인은 쉽게 볼 수 있으나 천부경을 시원스레 풀어 해석하는 천하의 명인을 아직 구경하지 못했다."라고 하여 천부경 해설의 어려움을 토로하였다.

임승국 님의 탄식에 안타까움과 함께 깊은 공감이 간다. 참고로 필자도 한문 실력은 물론 주역이나 역학, 수리 지식마저 없는 범부다. 다만 천부경을 천지창조에 결부해 보았을 뿐이므로 수리 역과 주역 같은

제4장 배달민족의 도(道)

심오한 지식을 바탕으로 한 해석과는 접근 방식이 다르다. 세부적으로 다시 설명을 한다면 다음과 같다.

제1절 일시무시일(一始無始一)

▶ 해설: 한(一)이 시작하였는데 시작한 한이 없어졌다. 필자의 이 첫머리 해석은 기존의 모든 해석과는 사뭇 다르다. 이렇게 해석을 해야지만 전체를 바르게 볼 수 있다.

여기서 일(一)은 어떤 존재를 뜻하기도 하고 한님이 창조하신 이 세상을 뜻하기도 한다. '일시무시일'로 시작한 천부경은 원시반종의 원리로 되어 있어 마지막 구절인 '일종무종일'과 맞물려야 해석이 온전하다.

一始무시일과 一終무종일의 일시와 일종은 「나는 시작이요, 끝이다.」하신 한님이 되며, 무시일과 무종일의 의미는 시작과 끝이 합쳐져 영원함을 나타낸다. 우로보로스의 머리와 꼬리가 맞물림은 일시무시일과 일종무종일의 합침과 같다.

제2절 석삼극 무진본(析三極 無盡本)

▶ 해설: 한을 셋으로 나누고 다함이 없는 근본이 되게 하셨는데, 석삼극은 하늘과 땅과 사람이다. 성경에도 「한 처음에 한님께서 하늘과 땅을 지어내셨다.」와 「당신의 모습대로 사람을 지어내셨다.」라는 구절은 한님이 창조한 석삼극과 일맥상통한다.

제3절 천일일 지일이 인일삼(天一一 地一二 人一三)

▶ 해설: 한 하늘을 첫 번째로 만드시고 한 땅을 두 번째로 만드시고 한 사람을

세 번째로 만드셨다.

제4절 일적십거 무궤화삼(一積十鉅 無櫃化三)

▶ 해설: 1(첫 수)부터 시작하여 10(끝 수)으로 완성되는데 그것은 무궤 즉 막힘
(닫힘)없이 불어나는 3으로 기인하느니라.

1이 음양으로 갈라져 2가 되고, 음양의 2가 3인 셋을 만드는데 이 3이 만물을
끝없이 생성하는 무궤화삼이다.

제5절 천이삼 지이삼 인이삼(天二三 地二三 人二三)

▶ 해설: 하늘의 음양이 셋을 만들고 땅의 음양이 셋을 만들고 사람의 음양이 셋
을 만든다.

맨 처음 근본이 되는 하늘과 땅과 사람이, 맞짝인 하늘과 땅과 사람을 만나 무
궤화삼의 3을 만든다.

제6절 대삼합육 생칠팔구 운삼사 성환오십(大三合六 生七八九 運三四 成環五十)

▶ 해설: 하늘과 땅과 사람의 첫 낳음인 큰 3이 짝을 만나 6이 되면(大三合六) 일
곱 여덟 아홉의 수(만물 속에 내재되어 제각기 역할을 하는 수)를 낳느니라(生
七八九).

1년은 3개월씩 4계절로 운용하고 태양은 5년을 한 주기로 순환하고 별은 10
년을 주기로 제자리로 돌아온다. 만물의 도는 생성멸의 3으로 운용되다 4로
돌아간다. 4는 혼돈인 일시무시일 일종무종일이 겹친 숫자다.

즉 처음과 끝의 만남인 혼돈이 된다. 하루의 도가 아침 점심 저녁으로 이루어

제4장 배달민족의 도(道)

졌다면 밤은 혼돈이고, 한 해의 도가 봄 여름 가을로 이루어졌다면 겨울은 혼돈이 된다. 분별되지 않은 혼돈은 맺음과 열림을 동시에 갖고 있는 씨와 같다.

아우구스티누스의 명상록(C. 크레모나 편역/성염)을 보면,

「한님, 섬기는 모든 자가 주를 섬기며 선한 영혼들은 모두가 주께 순종하나이다. 주의 법도에 따라 양극이 회전하고 성좌들이 그 궤도를 운행하며, 태양은 낮을 비추고 달은 밤을 다스리며, 온 세계가 빛과 어둠을 교대하며 나날을 지키고, 달이 차고 기움에 따라 다달을 지키며, 봄 여름 가을 겨울이 갈마듦으로써 한 해를 지키나이다.

태양의 궤적을 완결시킴으로써 5년의 주기를 지키고, 별들이 제자리로 돌아옴으로써 대순환을 지키며, 감각적 질료들을 지니고 있는 한, 사물들은 항속하고 시간의 순서와 반복을 고수하나이다.」라고 함으로써 '運三四 成環五十'의 의미와 부합한다,

제7절 일묘연만왕만래 용변부동본(一妙衍萬往萬來 用變 不動本)

▶ 해설: 한은 만 번을 오고 가도 묘연하며, 변하되 그 근본은 움직이지 않는다. (예를 들면 사람이 나날을 살아갈 때 삶은 매일 다르게 바뀌어도 나날이 오고 가는 섭리는 절대 변하지 않음의 뜻이리라)

제8절 본심본태양 앙명 인중천지일(本心本太陽 昻明 人中天中一)

▶ 해설: 사람의 본심이 태양처럼 밝은 것은, 사람 가운데 하늘의 한님이 계시기 때문이다.

「한님께서 우리에게 당신의 성령을 주셨습니다. 그러므로 우리가 한님 안에

있고 또 한님께서 우리 안에 계시다는 것을 알 수 있습니다. (요한 1서 4-13)」
의 의미이다.

또한 단군가륵 님의 중일경에 "천하의 가장 큰 근본은 나의 마음속에 계신 한
님 (天下大本 在於吾心之中一也)"의 의미이기도 하다.

제9절 일종무종일(一終無終一)

▶ 해설: 한이 끝났으나 끝난 한이 없어졌다. 천부경은 맨 끝 一이 맨 앞의 一과
이어져 원시반종을 이루었다. 그리하여 시작한 곳과 끝난 곳이 맞물려서 시작
과 끝이 없어진 우로보로스가 되었다.

이처럼 천부경의 내용은 한님의 천지창조이며 섭리다. '내가 시작이요, 내가
마감이다.'라고 하신 한님의 말씀이 이 원리이며, 하늘나라로 돌아가려는 인간
의 염원이 이 안에 들어있다.

지금까지 일부에서 보인 필자의 억지 해석과 짜 맞추기 식의 해설은
독자 여러분의 또 다른 사유의 시발점으로 생각하기 바란다. 찾아보면
천부경과 삼일신고의 사상이 그리스도교 사상과 닮은 점을 많이 발견
할 수 있을 것이다. 필자는 이러한 것을 연구 고찰해, 종교는 여럿일 수
있지만 신은 오직 한 분뿐임을 입증하는 것이 밝은 땅을 찾아가는 우리
배달민족의 운명이며 나의 숙명으로 생각한다.

최근 1909년 나철(羅喆)을 중심으로 일어난 대종교가 천부경과 삼일
신고를 자기네의 경전으로 삼았다. 그러나 배달민족의 천부경과 삼일
신고는 대종교나 천도교의 경전이기 이전에 우리 조상 대대로 내려오

는 우리 민족의 경전이다. 그것은 마치 기독교가 사용하고 있는 성경을, 이제 막 생긴 개인 교단이 사용하는 것과 같다. 교단이 이단에 빠지면 그것은 성경 때문이 아니라 그 교단의 문제다. 그러므로 배달민족의 경전을 대종교 고유의 경전으로만 보는 것은 합당치 않다.

필자의 이 말은 경전이나 성경의 문제가 아니라, 문제가 있다면 이 경전과 성경을 사용하는 교단에 문제가 있다는 뜻이다. 그러므로 기독교에서 천부경과 삼일신고를 제대로 연구해 보지 않고 무조건 이단시하거나 미신으로 취급하는 것은 온당치 못한 처사다.

삼일신고(三一神誥) 주해

　삼일신고는 배달국의 한웅천왕이 백성을 교화하기 위해 천부경을 바탕으로 조술(祖述)한 경전이다. 천부경이 81자로 천지창조를 설명한 조화경(造化經)이라면 삼일신고는 총 366자로 하늘과 한님 그리고 천궁과 진리를 서술한 교화경(敎化經)이다.

　단군은 삼일신고의 핵심 사상인 홍익인간을 고조선의 건국이념으로 삼았고 후에 고구려가 이를 계승하였으며, 고구려 멸망 후 발해의 시조 대조영이 삼일신고를 되살려 한님의 신앙을 국교로 삼았다. 삼일신고는 하늘(天) 신(神) 천궁(天宮) 세계(世界) 그리고 진리(眞理)를 다루고 있다. 한님 나라와 천지창조는 사람이 결코 알 수 없다. 그 이야기는 그분의 아들에게서 들어서 알 수 있을 뿐이다. 한님의 아들만이 하늘나라를 이야기할 수 있고, 또 아들만이 아버지의 뜻을 전할 수 있다. 한웅은 한님의 아들이기에 삼일신고를 저술하고 또 가르칠 수가 있었다. 다음 삼일신고의 한글 해석본은 필자가 기존의 해석을 조금 더 정확한 뜻을 찾아 이해하기 쉽고 문맥이 통하게 조금 수정 보완하였다. 필자의 수정이 본문의 뜻에 크게 벗어나지 않았으면 한다.

[天]

제1절) 帝曰 爾五加 衆

한웅천왕이 너희 오가(문무백관)와 뭇 백성에게 이르기를

제2절) 蒼蒼 非天 玄玄 非天 天

푸르고 푸른 것이 하늘이 아니며 검고 검은 것도 하늘이 아니다.

제3절) 無形質 無端倪 無上下四方

하늘은 모양도 바탕도 없고 시작도 끝도 없으며 위와 아래와 사방도 없도다.

제4절) 虛虛空空 無不在 無不容

허공(하늘)은 있지 않은 데가 없으며 들지 않은 데가 없느니라.

[神]

제1절) 神 在無上一位 有大德 大慧 大力 生天 主 無數世界

한님은 가장 높은 자리에 계시고, 큰 덕과 큰 지혜와 큰 힘이 있는 하늘에 계신 분으로 무수한 세계의 주님이시다.

제2절) 造兟兟物 纖塵無漏 昭昭靈靈 不敢名量

많고 많은 만물을 만드심에 가늘고 잔 티끌마저 빠트림이 없으시니, 밝기도 밝고 신령스럽기도 신령스러움에 감히 그 이름과 그 수량을 다 헤아리지 못하니라.

제3절) 聲氣願禱 絶親見 自性求子 降在爾腦

기를 쓰고 소리치며 원하고 빌어도 친히 보이지 않으시나, 자기의 성품에서 한님의 존재를 찾으면, 너희 머릿골에 내려와

129

계시니라.

[天宮]

제1절) 天 神國 有天宮 階萬善 門萬德

하늘 나라에는 궁전이 있어, 만 가지 착함을 계단으로 하고 만 가지 덕으로 문으로 삼았느니라.

제2절) 一神攸居 群靈諸哲 護侍 大吉祥大光明處

천궁은 한님이 거처하시는 곳으로 신령스러운 무리와 모든 철인이 받들어 모시고 있는 지극히 상서롭고 크게 빛나는 곳 이니라.

제3절) 惟性通功完者 朝永得快樂

오직 부여받은 명을 완수한 사람만이 천궁에 올라 영원한 쾌락을 얻을 것이다.

[世界]

제1절) 爾觀森列星晨 數無盡 大小明暗苦樂不同

너희들은 총총하게 널려있는 별들을 보라. 그 수가 무진하며 크고 작고 밝고 어두우며 괴롭고 즐거운 것이 모두 같지 않으니라.

제2절) 一神造群世界 神 勅日世界使者 轄七百世界

한님께서 모든 세계를 창조하시고, 해 누리를 맡은 사자를 시켜 칠백 누리를 다스리게 하셨으니,

제3절) 爾地自大 一丸世界

너희 땅이 자못 큰 듯해도, (작은 환약) 한 알갱이에 지나지 않는 세계이니라.

제4절) 中火震盪 海幻陸遷 乃成見象

(그 세계) 땅속 불에 지진이 나고 화산이 폭발해 바다가 육지가 되어 마침내 지금의 형상이 이루어진 것이로다.

제5절) 神 呵氣包底 煦 日色熱 行翥化游栽物 繁植

한님께서 기운을 뻗어 땅바닥까지 감싸시고, 태양으로 색과 열을 내어 따뜻하게 하시니, 걷고 날고 탈바꿈하고 헤엄치며 심는 동식물이 번식하였느니라.

[眞理]

제1절) 人物 同受三眞 曰性命精

사람과 만물이 함께 세 가지 참됨을 받나니, 이는 성품과 목숨과 정기니라.

제2절) 人 全之 物 偏之

사람은 이것을 올곧게 받았으나 만물은 치우치게 받았느니라.

제3절) 眞性無善惡 上哲 通 眞命無淸濁 中哲 知 眞精無厚薄 下哲 保 返眞 一神

참 성품은 선하고 악함에 치우침이 없어 첫째 가는 밝음으로 통하고, 참된 목숨은 맑고 흐림에 치우침이 없어 둘째 가는 밝음으로 알고, 참된 정기는 후하고 박함에 치우침이 없어 셋째가는 밝음으로 지키니, 참으로 착하고 맑고 후하면 한님께 되돌아가리라.

제4절) 惟衆 迷地 三妄 着根 日心氣身

오직 중생은 미혹한 세상에 세 가지 허망한 뿌리를 내리니 그
것은 마음과 기운과 몸이라.

제5절) 心 依性 有善惡 善福惡禍 氣 依命 有淸濁 淸壽濁殀 身依精 有
厚薄 厚貴薄賤

그 마음은 성품에 의한 것으로 착하고 악함이 있으니 착하면
복이 되고 악하면 화가 되며, 기운은 목숨에 의한 것으로서
맑고 흐림이 있으니 맑으면 오래 살고 흐리면 일찍 죽으며,
몸은 정기에 의한 것으로서 후하고 박함이 있으니 후하면 귀
하고 박하면 천하게 되느니라.

제6절) 眞妄 對作三途 日感息觸

참과 허망이 서로 맞서 세 갈래 길을 만드니 이름하여 느낌과
숨 쉼과 부딪힘이라.

제7절) 轉成十八境 感 喜懼哀怒貪厭 息 芬囒寒熱震濕 觸聲色 臭味淫
抵

세 갈래 길은 다시 열여덟 갈래로 갈라지니 느낌에는 기쁨과
슬픔, 성냄과 두려움, 탐냄과 싫어함이 있고, 숨 쉼에는 향기
와 악취, 한기와 열기, 진기와 습기가 있으며, 부딪힘에는 소
리와 빛깔, 냄새와 맛, 음탕함과 살 닿음이 있느니라.

제8절) 衆 善惡,淸濁,厚薄相雜, 從境途任走 墮生長肖病歿苦

뭇 사람은 착하고 악함, 맑고 흐림, 후하고 박함이 서로 얽히
어, 막다른 길을 쫓아가며 제 마음대로 살다가, 쇠약해져 병

들고 죽는 고통을 겪게 되느니라.

제9절) 哲 止感 調息 禁觸 一意化行 返妄卽眞 發大神機 性通功完是
밝다는 것은 느낌을 그치고 숨을 고르게 하고 부딪힘을 금함
이며, 한 뜻만을 행하고 허망함을 돌이키면 즉시 참에 이르느
니라, 신령한 기운이 크게 일어나, 참한 품성이 삶을 옳게 완
수하느니라.

다음은 해설문만 따로 모아 기술하였다.

[天] 한웅천왕이 너희 오가(문무백관)와 뭇 백성에게 이르기를, 푸르고
푸른 것이 하늘이 아니며 검고 검은 것도 하늘이 아니다. 하늘은 모양
도 바탕도 없고 시작도 끝도 없으며 위와 아래와 사방도 없도다. 허공
(하늘)은 있지 않은 데가 없으며 들지 않은 데가 없느니라.

[神] 한님은 가장 높은 자리에 계시고, 큰 덕과 큰 지혜와 큰 힘이 있
는 하늘에 계신 분으로 무수한 세계의 주님이시다. 많고 많은 만물을
만드심에 가늘고 찬 티끌마저 빠트림이 없으시니, 밝기도 밝고 신령스
럽기도 신령스러움에 감히 그 이름과 그 수량을 다 헤아리지 못하니라.
기를 쓰고 소리치며 원하고 빌어도 친히 보이지 않으시나, 자기의 성품
에서 한님의 존재를 찾으면, 너희 머릿골에 내려와 계시느니라.

[天宮] 하늘 나라에는 궁전이 있어, 만 가지 착함을 계단으로 하고 만
가지 덕으로 문으로 삼았느니라. 천궁은 한님이 거처하시는 곳으로 신
령스러운 무리와 모든 철인이 받들어 모시고 있는 지극히 상서롭고 크

게 빛나는 곳이니라. 오직 부여받은 명을 완수한 사람만이 천궁에 올라 영원한 쾌락을 얻을 것이다.

[世界] 너희들은 총총하게 널려있는 별들을 보라. 그 수가 무진하며 크고 작고 밝고 어두우며 괴롭고 즐거운 것이 모두 같지 않으니라. 한 님께서 모든 세계를 창조하시고, 해 누리를 맡은 사자를 시켜 칠백 누 리를 다스리게 하셨으니, 너희 땅이 자못 큰 듯해도, (작은 환약) 한 알갱 이에 지나지 않는 세계이니라. (그 세계) 땅속 불에 지진이 나고 화산이 폭발해 바다가 육지가 되어 마침내 지금의 형상이 이루어진 것이로다. 한님께서 기운을 뻗어 땅바닥까지 감싸시고, 태양으로 색과 열을 내어 따뜻하게 하시니, 걷고 날고 탈바꿈하고 헤엄치며 심는 동식물이 번식 하였느니라.

[眞理] 사람과 만물이 함께 세 가지 참됨을 받나니, 이는 성품과 목숨 과 정기니라. 사람은 이것을 올곧게 받았으나 만물은 치우치게 받았느 니라. 참 성품은 선하고 악함에 치우침이 없어 첫째 가는 밝음으로 통 하고, 참된 목숨은 맑고 흐림에 치우침이 없어 둘째 가는 밝음으로 알 고, 참된 정기는 후하고 박함에 치우침이 없어 셋째 가는 밝음으로 지 키니, 참으로 착하고 맑고 후하면 한님께 되돌아가리라. 오직 중생은 미혹한 세상에 세 가지 허망한 뿌리를 내리니 그것은 마음과 기운과 몸 이라. 그 마음은 성품에 의한 것으로 착하고 악함이 있으니 착하면 복 이 되고 악하면 화가 되며, 기운은 목숨에 의한 것으로서 맑고 흐림이 있으니 맑으면 오래 살고 흐리면 일찍 죽으며, 몸은 정기에 의한 것으

로서 후하고 박함이 있으니 후하면 귀하고 박하면 천하게 되느니라. 참과 허망이 서로 맞서 세 갈래 길을 만드니 이름하여 느낌과 숨 쉼과 부딪힘이라. 세 갈래 길은 다시 열여덟 갈래로 갈라지니 느낌에는 기쁨과 슬픔, 성냄과 두려움, 탐냄과 싫어함이 있고, 숨 쉼에는 향기와 악취, 한기와 열기, 진기와 습기가 있으며, 부딪힘에는 소리와 빛깔, 냄새와 맛, 음탕함과 살 닿음이 있느니라. 뭇 사람은 착하고 악함, 맑고 흐림, 후하고 박함이 서로 얽히어, 막다른 길을 쫓아가며 제 마음대로 살다가, 쇠약해져 병들고 죽는 고통을 겪게 되느니라. 밝다는 것은 느낌을 그치고 숨을 고르게 하고 부딪힘을 금함이며, 한 뜻만을 행하고 허망함을 돌이키면 즉시 참에 이르느니라, 신령한 기운이 크게 일어나, **참한 품성이 삶을 옳게 완수하느니라.**

다음은 규원사화 단군기에 **성통공완(性通功完)**을 설명한 대목이다.

「오로지 하늘의 천자께서 하늘 궁전으로부터 3천의 무리를 거느리고 세상에 내려오셔서 우리들의 황조가 되시어 재세이화, 홍익인간 하시고 하늘로 향하여 신향으로 돌아갔다. 여러 무리는 오로지 하늘의 법에 따라 만 가지 착함을 이루고 모든 악함을 멸하여 없앰으로써 **성통광명(性通光明), 재세이화(在世理化), 홍익인간(弘益人間)**을 이루면 한님의 나라에 있는 하늘 궁전에 이를 것이다.」

천자 한웅이(일신강충一神絳衷), 세상에 내려와(성통광명性通光明), 하늘나라의 문물을 세상에 펼쳐(재세이화在世理化), 널리 인간을 이롭게 하고 (홍익인간弘益人間), 하늘에 올라감이 천자 한웅의 성통공완(性通功完)이다. 이 한웅의 성통공완은 다음과 같은 운삼사의 구도로 표현한다.

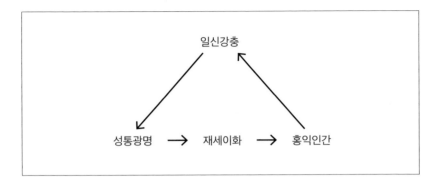

　이 운삼사의 구도인 성통공완은 한웅을 비롯하여 세상의 모든 사람에게 적용된 한님의 섭리이며 우리 인간에게 적용한 한님의 도(道)다.

　성통광명의 성(性)은 한님(一神)이 내신 이 세상에서 유일한 존재다. 성이 광명을 통한다는 것은, 인간이 거룩하신 한님의 영광 안에서 빛을 본다, 즉 고유한 성품을 갖고 태어난 인간이 삶을 시작한다는 뜻이다. 한님으로부터 명을 받은 사람이 세상에 태어나(성통광명), 한님의 뜻에 맞는 삶을 살아(재세이화), 선과 덕으로 평화를 이루면(홍익인간) 하늘나라에 올라가게 된다(성통공완). 이 성통공완의 구도가 바로 인간의 도라고 생각되는 순간 그리스도교의 '주의 기도'가 떠올랐다. 그리하여 이를 '주기도문'에 비교해 보니 그 구성과 내용 면에서 일치를 보이는 기적이 일어났다.

　비로소 나는 주의 기도로 성통공완을 명쾌하게 설명하게 되었다. 주의 기도는 성통공완이다. 성통공완은 도(道)의 완성이다. 그러므로 '주의 기도'는 기원전 성인들이 그렇게 찾아 헤매던 홍익인간이 되기 위한 기도문이다.

성통공완과 주의 기도

배달민족은 한님의 서자 한웅이 삼일신고로 백성을 교화했다면, 이스라엘 민족은 한님의 외아들 예수가 복음으로 가르쳤다. 삼일신고의 정수(精髓)가 성통공완이라면 복음의 핵심은 주의 기도다. 공교롭게 성통공완이 그리스도교의 주기도문의 의미와 문맥이 같아 '주의 기도'가 배달민족의 건국이념이라고 할 정도로 일맥상통한다. 그런데 어떻게 성통공완이 주기도문과 같은 맥락으로 구성되고 의미가 같을까?

전해 내려온 시기가 배달민족의 삼일신고는 5천 년 전이고 주의 기도는 2천 년 전으로, 그 시간과 공간의 차이가 너무 커 사람이 의도적으로 짜 맞추기가 어려웠을 텐데. 분명 이 두 민족의 신앙이 한 뿌리가 아니라면 불가능한 일이다. 성통공완과 주의 기도는 다 같이 인간의 태어남과 삶 그리고 부활의 조건을 설명한 도(道)다. 운삼사의 구도로 분류한 내용의 비교는 다음과 같다.

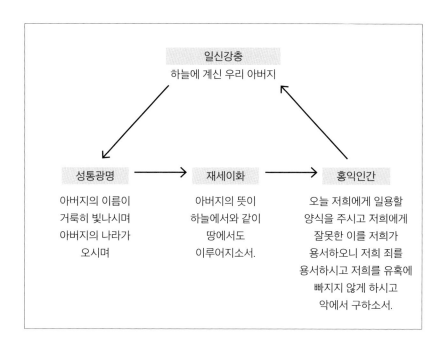

일신강충의 주체는 성령을 받은 인간이다. 삼일신고「자기의 중심에서 한님의 씨앗을 구하라, 씨는 머릿골에 내려와 있다(自性求子 降在爾腦)」에서 그 근거를 찾을 수 있다.

이는 성경 요한 1서에 「한님의 씨가 그 사람 안에 있다」(3-9)와, 「한님께서는 우리에게 당신의 영을 나누어 주셨습니다. 우리는 이 사실로 우리가 그분 안에 머무르고 그분께서 우리 안에 머무르신다는 것을 압니다.」(4, 11-18)의 문장과 부합한다.

또한 요한복음 10-34, 35에 "예수께서는 이렇게 말씀하셨다. '너희의 율법서를 보면 한님께서 '내가 너희를 신이라 불렀다.'하신 기록(시편 82)이 있지 않느냐? 이렇게 성서에서는 한님의 말씀을 받은 사람들을 모두

신이라 불렀다. 성경 말씀은 영원히 참되시다."

어떠한가? 참으로 놀랍지 않은가? 이렇게 성통공완과 성경에서 우리 인간을 보는 관점이 똑같다는 것은 우리 민족 신앙이 그리스도교와 한 뿌리임을 증명하고 있지 않은가? 성통공완을 주의 기도와 비교해 보겠다.

성통광명 vs 「아버지의 이름이 거룩히 빛나시며 아버지의 나라가 오시며」의 비교

성(性)은 한님이 부여한 성(天理賦命)으로 각 창조물의 고유한 존재다. 성통광명은 아버지께서 고유한 존재인 주체(一)를 세상에 내보내 빛을 보게 하심이다.

주의 기도 '아버지의 이름이 거룩히 빛나시며 아버지의 나라가 오시며'는, 피조물인 내가 오직 아버지의 영광 안에서 아버지의 나라를 간구함이다.

재세이화 vs 「아버지의 뜻이 하늘에서와 같이 땅에서도 이루어지소서」의 비교

재세이화는 아버지의 뜻이 세상에 펼쳐짐을 말한다. 배달민족의 신화에 「한님이 서자 한웅에게 천부인 세 가지를 내려 주시고 '무리 3000을 이끌고 내려가 **하늘의 뜻을 열고 가르쳐 세상을 잘 다스려** 큰 모범을 보이라'」는 대목이 재세이화다.

이때 아버지의 뜻은 하늘의 문물로 사람을 잘 다스리게 하는 것이다. 그러므로 재세이화는 주기도문 「아버지의 뜻이 하늘에서와 같이 땅에서도 이루어지소서」의 뜻과 일치한다.

홍익인간 vs 「오늘 저희에게 일용할 양식을 주시고 저희에게 잘못한 이를 저희가 용서하오니 저희 죄를 용서하시고 저희를 유혹에 빠지지 않게 하시고 악에서 구하소서」의 비교

하늘의 문물로 인간을 이롭게 하니, 그로 인해 인류가 홍익인간을 완성하면 천궁에 올라갈 수 있다는 것이 삼일신고의 정수이다. 홍익인간은 한님의 계획이고 뜻이다. 아버지께서 이렇게 완성된 우리와 함께 살기를 바라신다.

구약의 한님 아들들이 대체로 육적인 홍익인간을 완수했다면, 신약의 그리스도는 주로 영적인 홍익인간을 완성하였다. 그리스도가 가르쳐 주신 주의 기도는 영적인 홍익인간의 내용과 방법을 구체화하고 부활 조건을 명시하였다. 이 주의 기도가 바로 우리의 희망이며 하늘나라에 돌아가기 위한 최고의 기도문이다.

삼족오(三足烏)

『천부경』 『삼일신고』 『한단고기』 등은 배달민족에게 아주 귀중한 경전과 고서다. 이 경서를 보면 우리 민족의 지혜로운 삶과 신앙에 놀라움을 금치 못할 것이다. 필자는 이 경서에서 우리의 신앙이 이스라엘의 신앙과 같이 세계에서 가장 오래된 역사와 종교임을 알게 되었다.

그리스도교의 삼위일체 사상은 배달민족의 삼일신관과 동일하며, 삼일신고의 성통공완은 그리스도교의 주의 기도와 일치한다. 주기도문과 비교되는 성통공완을 형상화한 것이 삼족오(三足烏)이며 이는 한(桓) 신앙의 상징으로 우리가 가야 할 길(道)이며 꼭 이루어 내야 할 꿈임을 필자는 이곳에서 새롭게 정의한다.

한(桓) 민족의 신앙을 탐구하는 까닭은 우리가 역사를 잊었기 때문이다. 배달의 역사를 잊음으로써 조상을 잊었고, 조상을 잊음으로써 조상의 꿈과 지혜를 잊었기 때문이다. 선조들의 삶 속에는 후대에 전해 주어야 할 귀중한 유산이 들어 있음에도 불구하고 우리는 그들의 꿈과 지혜인 삼족오마저 잊고 살아왔다.

그 옛날 우리 선조는 삼위일체의 신관과 성통공완을 삼족오로 형상화하였다. 고구려 건국신화에 등장한 해모수는 오우관(烏羽冠)을 쓰고 삼위일체의 삼족오를 백성에게 가르쳤고, 백성도 이를 따라 까마귀의 깃을 모자에 꽂고 다녔다. 그들의 임금은 왕관에 삼족오를 새기어 권위를 상징하였고, 전장에서도 삼족오의 문장(紋章)을 깃발에 새겨 사기를 북돋웠다. 또한, 동네마다 솟대 꼭대기에 삼족오를 세워 놓고 자나깨나 기도하고, 죽어서도 삼족오를 무덤에까지 새겨놓았다.

고구려 진파리 고분에서 출토된 금관에 새겨진 삼족오

조상들이 신성시하던 삼족오는 다리가 세 개 달린 까마귀로 고구려의 고분벽화와 중국의 양사오 문화, 일본의 건국 신화 등 삼국의 고대문화에 공통으로 등장한다. 분명히 말하건대 이 삼족오는 배달민족 고유의 상징이지만, 문화교류로 인해 중국과 일본이 함께 공유하게 되었다. 그러나 분명한 것은 옛날부터 중국과 일본은 수시로 우리나라에 침입해 우리의 문화를 강탈해 가는 이웃으로서 이러한 고급문화를 소유하고 삶에 적용할 만한 국가가 될 수 없다. 보라! 지금도 일본은 삼족오의 뜻도 모르고 축구의 엠블럼으로 자기네 문화인 양 쓰고 있지 않은가?

어쨌거나 세간에 알려진 삼족오의 해석은 삼신(三神)인 한인 한웅 단군을 상징한다고 말한다. 또 많은 사족을 달아 그 참된 의미를 분산시키고 있다. 분명 그러한 뜻도 포함되어 있다. 그러나 필자는 한 번 더 깊이 통찰하고 단언하는 바, 삼족오가 막연히 한인 한웅 단군을 상징한 것뿐만 아니라 그 핵심은 성통공완의 도를 표현한 삼위일체의 상징물이라고 확실히 말할 수 있다.

즉 삼족오의 머리는 천상천하유아독존의 주체이며 세 다리는 성통광명, 재세이화, 홍익인간을 표현한 것으로, 삼신의 존재뿐만 아니라 그의 역할까지를 포괄한 것이다. 단순히 삼신을 상징한 것이라면, 다리가 셋인 삼족오(三足鳥)가 아니라 머리가 셋 달린 삼두오(三頭鳥)가 되어야 마땅하다. 삼신의 위상은 다리가 아닌 머리로 표현해야 옳지 않은가? 다리는 길을 걷는 신체의 수단이지 결코 삼신을 상징하는 부위가 아니다.

그러므로 삼족오는 한님과 한웅 그리고 단군이 맡은 역할을 포함한 삼위일체의 상징물이 된다. 삼국유사의 기이 편에는 「소지왕 10년 때에 이 **삼족오**가 나타나 사람에게 **해야 할 일이나 일어날 일을 미리 알려주는 영험한 존재로** 알려져 있다.」라고 하지 않았는가? 그런 연유로 우리 조상들은 삼위일체인 삼족오를 솟대 꼭대기 위에 받들고, 깃발과 금관에, 모자와 옷깃에 그리고 무덤에까지 삼족오의 문양을 새겨 넣고 항상 기원하고 또 다짐하면서 배달의 꿈을 성취해 나갔던 것이다.

제5장

살아있는 도(道)
-그리스도

구원의 빛

어둠을 헤치고
찬란한 태양이 떠올랐다.

신기원을 이룬 그 빛은
어제보다 밝고 더 빛났다.

어제의 빛은 막힘이 있었지만,
오늘의 빛은 막힘 없이 더 크고 눈부시다.

그 빛은 하늘에서 내려와
땅끝까지 밝히고 저 세상까지 퍼져갔다.

오늘 거룩하신 분이
우리에게 오셨다.

그토록 기다리던 분이 오심으로,
세상의 빛이 바뀌고 사람의 삶이 바뀌었다.

그분은 죽음을 삶으로 바꾸시고
절망을 희망으로 바꿔 주셨다.

땅의 백 년을 하늘의 천 년으로 바꾸시고
사람을 영생토록 하시었다.

그분이 오심으로
어제의 태양은 오늘의 태양이 아니다.

그분은 예수님,
한님이 사랑하시는 외아들.

성인들이 그토록 찾아 헤매던
길이요 진리요 생명이신 분.

한님의 사랑이
빛이 되어 우리 곁에 오시었다.

우리는 이 빛으로
소크라테스의 고뇌를 벗게 되었다.

공자의 도를 구할 수 있고

149

부처의 깨달음도 얻을 수 있게 되었다.

우리는 이 빛으로 하늘에 올라
영원한 복락을 누리게 되었다.

돌아가는 길

옛날부터 사람이 죽으면 돌아갔다는 말을 쓴다. 그러나 사람이 아닌 다른 생명체에게는 돌아갔다고 하지 않는다. 그냥 죽었다고만 한다. 사람에게 돌아간다는 말을 쓰는 까닭은 피조물 중엔 오직 인간만이 영혼이 있기 때문이다. 죽어 없어지는 것은 육신이고 돌아가 사는 것은 영혼이다. 돌아간다는 것은 영혼이 나왔던 곳으로 다시 돌아간다는 말이다. 사람이 죽으면 저승으로 돌아간다. 돌아가기 때문에 죽음은 끝이 아니라 저 세상에서의 또 다른 삶의 시작이다.

'돌아가는 길'이란 천국으로 가는 길이다. 천국으로 돌아가는 길은 배달민족의 경전 '삼일신고'와 그리스도교의 '주기도문' 안에서 찾아볼 수 있다. 그 길은 바로 홍익인간이며, 홍익인간을 이루는 것이 천국으로 들어가는 조건이며 방법이다.

한님과 하늘나라는 사람의 지력으로 상상하거나 그려볼 수 없다. 그런 하늘나라의 즐거움을 세상의 무엇과 견주어 볼 수 있겠는가? 상상조차 불허하는 천국은 아무나 들어갈 수 없다. 그곳은 지극히 선하고 깨끗한 곳으로 악으로 더럽혀진 사람은 절대로 그냥 들어갈 수가 없다.

그곳에 가기 위해서는 더러운 죄를 씻어야 하는데 그 방법이 참회와 용서다. 자신의 죄를 뉘우치고 또 자신에게 잘못한 사람을 용서하고 관계를 복원하여 이를 한님께 증명하는 것이 천국에 들어가는 방법이다.

탕자는 잘못을 깨닫고 아버지께 돌아와 용서를 빎으로써 아들의 자격을 복원시켰다. 돌아온 탕자처럼 아들은 아무리 죄를 많이 지어도 아버지한테는 용서받을 수 있다. 주기도문의 「저희에게 잘못한 이를 저희가 용서하오니 저희 죄를 용서하시고」는 평화를 깬 당사자들 간에 화해다. 이 화해로 나와 원수의 관계를 개선하고 평화를 복원했음을 증명하여 아버지께 용서를 청하는 것이다.

아버지께서는 우리가 뉘우치며 돌아오기를 기다리신다. 더욱이 당신께서 먼저 사랑하시는 외아들 예수 그리스도를 보내시어 돌아갈 길을 마련해 주셨다. 배달민족의 삼일신관에서 볼 수 있듯이 우리의 신앙도 부활에 핵심을 둔다. 그렇게 본다면 예수 그리스도는 우리가 부활할 수 있는 바로 그 길이며 천국의 문이 된다.

구세주

한님의 계획을 받들어 사람에게 문화를 열어주고 문명을 세운 이가 바로 한님의 아들들이다. 한님의 아들들은 한님의 규정인 새로운 법칙을 처음으로 사람에게 적용한 율법의 전달자이기도 하다.

한님의 아들들은 한 사람이 아닌 여러 왕자로 한님의 외아들과 구분된다. 한님의 외아들이 하늘나라의 황태자라면 한님의 아들들은 서 왕자들이다. 인간 세상의 부자지간으로 설명한 것이지만 한님의 아들들도 매우 존귀한 존재다. 그만한 위치에 있는 아들들이 사람에게 율법을 가르치고 만물의 주인이신 한님을 섬기게 하였다. 또한, 한님의 아들들은 사람의 딸들과 결혼하여, 한님과 피조물인 사람을 혈육으로 연결한 최초의 아버지며 인류의 조상이 되었다.

이 한님의 아들들에 의해 인류는 율법이란 새 옷을 걸치게 된다. 처음에는 그 옷이 좋았고 퍽 유익했지만, 날이 갈수록 사람들은 점점 거추장스럽게 느껴지기 시작했다. 사탄의 유혹으로 동물의 본성으로 되돌아간 사람들은 율법을 벗어 버리고 싶었지만, 그것은 이미 떨어지지 않는 몸의 일부가 되어 인간의 죄를 구별하고 있었다.

율법의 제약을 받게 된 인간은 고통과 번민의 고해 속을 맴돌게 된다. 그때 사람을 사랑하시는 한님께서는 구원자를 보내주실 것을 예언자를 시켜 약속하신다. 더욱이 구원하러 오시는 그분은 율법을 내리신 한님께서 사랑하시는 외아들이기에 그 희망은 무엇으로 표현할 수 없었고, 그 확실한 믿음은 형언할 수 없는 기쁨이 되었다.

인류는 한님 아들들의 율법으로 죄를 얻었지만 바야흐로 한님의 외아들에게는 구원을 받게 될 것이다. 그분의 사랑과 희생으로 우리는 죄를 용서받을 수 있다. 또한 그분의 부활은 우리의 믿음이며 우리는 그 믿음으로 한님께 돌아갈 수 있게 되었다. 우리의 죄를 없애시고 세상을 구원하신 그분을 우리는 '예수 그리스도'라 부른다.

믿음

사람(人)의 말(言)은 육체적으로 나약한 인간을 생존경쟁이 치열한 약육강식의 세계에서 가장 무서운 포식자로 만들었다. 만물의 영장이 된 사람들은 자기들의 이 말을 믿음(信)이라 하였다.

인간의 말, 즉 믿음은 인간사회를 유지하고 세상을 지배하는 아주 긴요한 역할을 한다. 만물을 지배하게 된 사람들은 이 믿음으로 한님과의 관계가 열린다. 원시사회에는 한님(神)의 존재가 절대적이어서 모두 두려워하며 순종하였다. 믿음은 한님과의 관계를 지속시키는 약속이었으나 교만해진 인간은 점차로 약속을 지키지 않았다. 한님과의 약속이 깨진 것이다. 주님의 뜻을 실천하지 않으니 한님께서 새로운 법칙을 제정하여 한님의 아들들로 하여금 인간사회에 내놓으셨다.

「"오늘 주 너희 하느님께서 이 규정과 법규들을 실천하라고 너희에게 명령하신다. 그러므로 너희는 마음을 다하고 목숨을 다하여 그것들을 명심하여 실천해야 한다. 주님을 두고 오늘 너희는 이렇게 선언하였다. 곧 주님께서 너희의 하느님이 되시고 너희는 그분의 길을 따라 걸으며, 그분의 규정과 계명과 법규를 지키고, 그분의 말쓸을 듣겠다는 것이다."」(신명기 26, 16-19).

율법이었다. 율법은 인간과 한님 사이에 세워진 믿음의 계약이다. 불신의 사회에 율법이 세워지자 모든 게 정상으로 돌아가는 듯하였다. 그러나 자유분방한 사람들에게 율법은 점점 귀찮고 성가신 존재가 되었다. 올가미 같은 율법이 인간생활을 옥죄고 죄를 물으니 방탕한 사람들은 죄로 인해 하나도 살아남지 못하게 되었다. 그렇지만 한님께서는 율법으로 죽게 될 사람들을 위하여 더 새롭고 완성된 믿음을 보내 주셨다. 그것은 또 다른 율법이 아니라 당신께서 사랑하시는 외아들 그리스도였다. 한님은 당신께서 사랑하시는 외아들을 보내시어 우리에게 먼저 손을 내밀고 화해를 요청하셨다.

한님께서 먼저 우리에게 다가오시어 하나가 되고, 하나가 되어서 함께 나누고자 하신다. 우리를 이토록 사랑하시니 우리는 마땅히 믿음으로 그리스도를 받아들여야 한다. 가나의 혼인 잔치에서 성모님이 처음으로 예수님을 드러내실 때 "무엇이든 그가 시키는 대로 하여라."라는 말씀은 믿음으로의 초대다. 하인들이 성모님께서 이르신 대로 행하자 물을 곧 포도주로 변화시킨 예수님의 첫 기적이 일어난다. 인간은 이렇게 그리스도를 통하여 한님과 관계를 새로 맺었다. "새 술은 새 부대에." 모름지기 그리스도를 맞으려는 인간은 낡은 자신을 버리고 새롭게 변해야 한다.

바오로 사도는 "믿음은 들음에서 오고 들음은 그리스도의 말씀(信)으로 이루어집니다." 라고 말하여, 믿음이 곧 그리스도의 말씀(信)으로 이루어짐을 밝혔다. '나를 따라오너라.'는 예수의 한 마디에 베드로가 그물을 버리고 따라갔듯이, 믿음은 내 의지를 꺾고 곧바로 그리스도를 따라가는 것이다. 그리스도가 외아들인 이유는 그리스도만이 유일한 길이요 진리요 생명인 까닭이다.

주기도문의 해석

　주기도문 해석의 중요성은 아버지의 뜻을 올바르게 이해하여 우리가 해야 할 일을 찾는 데 있다. 주기도문을 삼일신고의 성통공완에 비춰 보니 아버지의 뜻이 확연하게 들어와, 좀 더 무엇을 어떻게 해야 하는지를 알고 올리는 기도가 되었다.

　성통공완은 그 주체에 따라서 재세이화의 내용은 달라진다. 재세이화는 아버지의 뜻을 세상에 펼침을 말하는 것이다. 한웅의 재세이화는 하늘의 문물을 세상에 펼침이 되고, 그리스도의 재세이화는 복음을 전하고 우리 죄를 없애시어 하늘에 돌아가는 길이 되어 주심이다. 우리의 재세이화는 각자 부여받은 삶을 사는 숙명이 재세이화가 된다.

　성통공완은 한님의 섭리를 다음의 구도로 설명한 배달민족의 신앙교리다. 주의 기도는 그리스도께서 우리가 하늘나라에 돌아가는 길을 가르친 기도다. 천(天) 지(地) 인(人)의 삼신 사상과 주기도문을, 운삼사의 구도에 대입해 보았다.

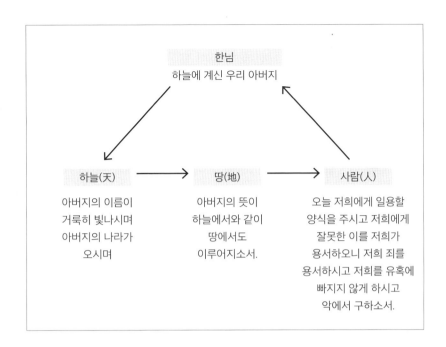

삼신 사상에 의거한 주기도문은 하늘 땅 사람의 세 문단으로 구성되어 있다. 하늘(天)의 부분은 아버지의 영광과 천국을 예비하신 기도로, 하늘나라의 역할을 함의하고, 땅(地)의 부분은 아버지의 뜻이 이 세상에서 이루어지기를 바라는 기도로, 땅의 역할을 함의하고, 사람(人)의 부분은 홍익인간이 되기를 청원하는 기도로, 사람의 역할을 함의하고 있다. 주기도문을 문단별로 분석하면 다음과 같다.

[한님] 하늘에 계신 우리 아버지

▶ 아버지께서는 "나에게 빌지 않던 자의 청까지 나는 들어주었고, 나를 찾지도 않던 자 역시 만나 주었다. 나의 이름을 부르지도 않

았던 민족에게 '나 여기 있다. 나 여기 있다' 하고 말해 주었다."(이사 65.1)라고 하신 분이신데, 하물며 당신의 아들인 우리가 부르는데 어떡하시겠는가?

[하늘] 아버지의 이름이 거룩히 빛나시며 아버지의 나라가 오시며,

▶ 모든 영광을 오로지 아버지께 돌리며 하늘나라를 간구하는 구절이다. 아버지의 나라는 친히 우리를 위하여 준비하신 나라다.
"너희는 내 아버지의 축복을 받은 사람들이니 와서 세상 창조 때부터 너희를 위하여 준비한 이 나라를 차지하여라."(마태 25, 34)

[땅] 아버지의 뜻이 하늘에서와 같이 땅에서도 이루어지소서.

▶ 아버지의 뜻은 우리의 홍익인간이다. 아버지께서는 하느님의 아들들을 보내시어 구약의 홍익인간을 이루었듯이, 신약은 예수 그리스도를 보내시어 인류가 영적 홍익인간을 이루고 구원을 받아 하늘나라를 차지하게 하시려는 것이다. 그러니 우리 인간은 아버지의 이 뜻을 겸허히 받아들여야 한다.

마리아가 아버지의 뜻을 받아들일 때 "보십시오. 저는 주님의 종입니다. 말씀하신 대로 저에게 이루어지기를 바랍니다."라고 응답하시어 아버지의 뜻을 겸손하게 따르지 않았는가? 그러니 겸손은 모든 덕목 중에 가장 앞에 서는 덕목이다. 겸허한 마음이 없으면 아무도 찾지 않고 아무것도 나눌 수 없다.

[사람] 오늘 저희에게 일용할 양식을 주시고, 저희에게 잘못한 이를 저희가 용서하오니 저희 죄를 용서하시고, 저희를 유혹에 빠지지 않게 하시고 악에서 구하소서.

▶ 홍익인간이 되기 위한 조건을 설명한 구절이며 이의 실천이 바로 구원받는 길이다. 셋째 문장은 먹는 일이 삶의 큰 일임을 전제하고 그 속에는 나 자신의 성화를 위한 복음 삼덕이, 그 다음 구절에는 향주 삼덕이 함축되었음을 깨닫게 된다.

세상에는 여러 형태의 도가 많이 전해 내려오지만, 대부분이 명확하게 '이것이 도다'라고 지목되지 않아 우리가 이해하고 깨닫기에 너무 방대하고 그 뜻이 난해하다. 그들의 '도'는 구도의 의지를 갖고, 득도를 피눈물 나는 수행으로 이루어야 한다. 그렇지만 그리스도교의 도는 매우 간단하고 간편하게 얻을 수 있다. 그 이유는 그리스도를 믿음으로 도를 구했고, 그리스도를 통해 아버지께 '해 주세요' 하고 조르면 최소한 반은 성공한 셈이다.

우리가 아버지의 뜻인 주기도문을 정확히 이해하고 실천하면 그 공덕은 세상의 모든 도를 섭렵한 것보다 훨씬 낫다. 아버지의 뜻이 바로 성통공완이며 천궁에 들어가는 길이기 때문에 우리 믿음의 선조들은 그리스도를 숙명으로 받아들이고 그분의 가르침을 죽음으로 증명하였다.

이로써 한민족의 신앙과 사상은 역할을 다했다. "그분께선 더욱 커지셔야 하고 나는 작아져야 한다."는 세례자 요한의 말처럼 이제 배달민족의 신앙과 사상은 그리스도를 믿음으로 구약이 되었다. 구약이 신약으로 완성되었듯이 우리 민족도 그리스도를 자발적으로 모셔왔으니, 배달민족의 천부의 도는 세상을 구원하신 그리스도로 완성되어 그 목적을 이루었다.

아버지의 뜻

주의 기도를 배달민족의 삼신사상으로 분석하니, 셋째 문단이 우리가 할 일이며 구원의 길임을 알았다. 우리가 이 세상에서 할 일은 그리스도를 통해서 알게 된 아버지의 뜻을 실천하는 일이다.

주님께서 말씀하셨다. "나더러 '주님, 주님' 하고 부른다고 다 하늘나라에 들어가는 것이 아니다. 하늘에 계신 아버지의 뜻을 실천하는 사람만이라야 들어간다." 다시 한번 주기도문을 음미하고 아버지의 뜻을 찾아보자.

하늘에 계신 우리 아버지

아버지의 이름이 거룩히 빛나시며
아버지의 나라가 오시며,

아버지의 뜻이 하늘에서와 같이
땅에서도 이루어지소서.

163

오늘 저희에게 일용할 양식을 주시고
저희에게 잘못한 이를 저희가 용서하오니
저희 죄를 용서하시고
저희를 유혹에 빠지지 않게 하시고
악에서 구하소서.

　주기도문의 셋째 문단의 첫 구절 '오늘 저희에게 일용할 양식을 주시고'는 아주 생뚱맞다. 아버지의 거룩하신 뜻과 나약한 우리 인간의 죄와 용서를 언급하는데 뜬금없이 웬 먹는 타령인가? 필자가 잠깐 기도문을 변경해 보겠다.

하늘에 계신 우리 아버지

아버지의 이름이 거룩히 빛나시며
아버지의 나라가 오시며,

아버지의 뜻이 하늘에서와 같이
땅에서도 이루어지소서.

아버지를 극진히 사랑하듯이
이웃을 제 몸같이 사랑하게 하시며
저희에게 잘못한 이를 저희가 용서하오니
저희 죄를 용서하시고

저희를 유혹에 빠지지 않게 하시고

악에서 구하소서.

셋째 문단의 '오늘 저희에게 일용할 양식을 주시고' 대신에 첫째가는 계명과 둘째가는 계명을 기도문에 넣어보았다. 아버지의 뜻이 땅에서도 이루어지려면 이 두 계명이 훨씬 자연스럽지 않은가? 이 '사랑하라'는 두 계명이 바로 아버지의 뜻이 아니었던가? 그렇지만 이 두 계명보다도 '오늘 저희에게 일용할 양식을 주시고'의 의미가 주기도문에 더 적합하다. 그 이유는 이 구절은 사랑하라는 계명의 실천에 앞서 우리가 지녀야 할 마음을 함축하고 있기 때문이다.

좀 더 세부적으로 생뚱맞은 일용할 양식의 셋째 문단을 음미해 보자.

'오늘 저희에게 일용할 양식을 주시고'

▶ 여기서 말하는 일용할 양식은 창고에 가득 쌓인 양식이 아니고 오늘 하루 먹을 최소한의 것, 즉 청빈이다. 청빈은 마음을 깨끗하게 비우는 무소유로서 맑음의 뜻도 포함하고 있다. 욕심이 가득 차면 아버지의 뜻을 따르지 않고 이웃도 사랑하지 않게 된다. 아버지를 사랑하고 이웃을 사랑하려면 아버지의 말씀을 잘 들을 수 있게 깨끗한 나, 정결한 나를 먼저 만들어야 한다. 청빈 정결의 마음은 자기 고집대로 하지 않으며 사물에 집착하지 않고 아무 거리낌 없이 아버지의 뜻에 잘 따른다.

양식을 주시는 분은 우리 생명과 삶을 주신 아버지다. 우리에게 생명과 삶을 주시니 우리는 마땅히 그분의 뜻을 따라야 한다. 아버지의 뜻을 실천하는 일은 나의 고집(의지)을 꺾고 주님이신 아버지의 말씀을 잘 듣는 순명에서부터 시작한다. 그러므로 '오늘 일용할 양식을 주시고'는 바로 청빈과 정결 그리고 순명이다.

가브리엘 천사를 만난 마리아가 한님의 뜻을 겸손하게 받아들인 것처럼, 우리도 주님과 이웃이 들어올 수 있게 겸손한 마음으로 자신을 낮춰야 한다. 그러므로 겸손에 이어 청빈과 정결과 순명이 첫째가는 계명과 둘째가는 계명의 실천에 앞서 우리가 갖춰야 할 마음가짐이다. 필자는 혼자서 기도할 때 「오늘 저희에게 일용할 양식을 주시고」의 구절에서 잠시 고개를 숙인다.

'저희에게 잘못한 이를 저희가 용서하오니 저희 죄를 용서하시고'

▶ 탕자인 우리가 아버지와 멀어졌던 관계를 복원하여 평화를 구하는 이 구절이 아버지의 뜻이다. 아버지는 자식들이 싸우지 않고 서로 사랑하고 화목하게 지내는 것을 원하신다. 자식이 아버지의 마음을 기쁘게 해 드리려면 내게 잘못한 형제를 먼저 사랑으로 용서하고 평화를 되찾는 일이다. 이 일을 회개의 증거로 삼아 아버지와의 관계를 복원하는 것이다. 이 용서는 우리가 유혹에 빠져 많은 죄를 지었어도 아버지의 용서를 청할 수 있는 속죄의 제물이 된다.

이웃이 사랑스럽다면 누구든지 사랑할 수 있다. 그러나 나에게 잘못한 사람을 사랑하라고 하면, 사랑보다 먼저 복수를 생각하게 된다. 그렇지만 원수도 아버지의 자식이다. 내 아버지의 자식인 원수를 사랑하게 되면 나의 죄도 용서받을 것이며, 그 행위는 원수보다 이 세상의 주인공인 나 자신을 위한 길이 된다. 내게 잘못한 이는 나의 구원에 필요하고 고마운 사람이라고 생각하자. 원수마저 사랑할 수 있다면 이웃사랑은 더 말할 나위 없다. 이것이 둘째가는 계명의 핵심이며 이 용서는 이웃을 사랑하는 마음(애덕)의 발로이며 우리가 할 일이다.

'저희를 유혹에 빠지지 않게 하시고 악에서 구하소서'

▶ 유혹을 구별하는 잣대는 계명과 율법이다. 아버지의 뜻을 어긋나게 하는 유혹은 주님의 길을 걷고자 하는 나의 의지를 방해하는 물욕과 성욕의 탐착이다. 유혹에 빠지지 않게 계명과 복음의 준수(신덕)를 기원하고, 하늘나라에 올려지기를 청원(망덕)하는 구절이다.

우리가 실천해야 할 세 번째 문단의 각 구절을 다시 정리하면, 첫째 구절은 마음을 가난하게 만들어 아버지께 순명하고, 둘째 구절은 이웃과 나, 그리고 우리와 아버지와의 관계를 용서와 사랑으로 복원하고, 셋째 구절은 계명과 율법의 준수로 아버지의 뜻을 실천하는 삶을 살아 구원받기를 청원하는 내용이다.

필자는 주님의 기도를 올릴 때 첫째 구절에서는 청빈과 정결과 순명을, 둘째 구절에서는 용서와 평화를, 셋째 구절에서는 율법의 준수와 구원의 의미를 담는다. 그러면 건성으로 올리는 기도보다 훨씬 마음을 다한 기도가 될 수 있다.

셋째 문장은 '복음 삼덕'에 이은 '향주 삼덕'으로 구원에 이르는 순서를 제시한 모양새다. 즉 청빈 정결 순명의 복음 삼덕은 '오늘 저희에게 일용할 양식을 주시고'에서 찾아볼 수 있고, 애덕 신덕 망덕의 향주 삼덕은 나머지 두 구절에서 찾아볼 수가 있다. 이렇게 셋째 문단에서는 구원받는 순서가 일목요연하게 연상된다. 이 얼마나 심오한 기도문인가! 세상에는 많은 도가 널려있지만 주기도문처럼 간명하게 돌아가는 길을 제시한 도가 또 어디 있겠는가? 필자가 지나치리만큼 많은 의미를 부여했는데도 주기도문은 그 뜻을 다 반영하였다.

「세상은 지나가고 세상의 욕망도 지나갑니다. 그러나 한님의 뜻을 실천하는 사람은 영원히 남습니다.」 (요한 1서 2, 17)

하늘나라의 매매 계약서

하루살이는 내일의 태양을 볼 수 없고 나비는 내년을 알지 못한다. 무신론자는 하루살이와 나비의 무지는 알아도 자기 자신의 몽매함은 깨닫지 못한다. 내일의 태양이 다시 떠오르고 내년의 봄이 다시 오듯, 3차원의 세계를 벗어나면 반드시 4차원의 세계 즉, 하늘나라가 다가옴을 깨닫지 못하는 사람을 두고 하는 말이다.

하늘나라는 분명히 존재하지만, 그러나 그 나라의 모습을 설명해 주는 사람은 없다. 막연히 아름답고 좋다고만 하지, 구체적인 모습을 노래하거나 그림으로 상세하게 형용하는 것을 나는 보지 못했다. 그렇게 하늘나라는 거룩한 곳이다. 하늘나라는 우리의 상상을 무한정 벗어나 있어, 세상의 무엇으로도 묘사할 수 없다. 하루살이가 내일을 모르고 나비가 내년을 알지 못하듯 하늘나라는 그렇게 우리의 상상조차 불허한다. 그래서 우리의 지혜는 하루살이에 지나지 않고 나비보다 낫지 않다.

그런 하늘나라가 매물로 나왔다. 하늘나라의 주인이신 하느님께서 그 나라를 우리에게 양도하신단다. 하느님께서는 당신의 외아들을 중개인으로 내세워 우리의 의향을 물어보신다. 중개자 예수 그리스도가 작성해 보여주신 하늘나라의 계약서는 바로 '주기도문'이며 그 내용을 살펴보면 다음과 같다.

「하늘에 계신 우리 아버지」

그리스도가 부동산을 판매하는 주체인 아버지를 먼저 표기하여 하느님이 매매 당사자임을 밝혔다.

「아버지의 이름이 거룩히 빛나시며 아버지의 나라가 오시며」

세상에 없는 아주 좋은 물건을 내놓으신 하느님 아버지께 먼저 영광을 돌리며, 아버지의 나라가 매물임을 명시하였다.

「아버지의 뜻이 하늘에서와 같이 땅에서도 이루어지소서.」

하느님께서 당신의 외아들 예수 그리스도를 중개인으로 삼아 하늘나라를 내놓으셨으니, 우리는 이 거래가 틀림없이 이루어지기를 바란다는 문구를 집어넣고 하느님 아버지의 다짐을 받았다. 이 문구는 우리의 희망이다.

그런데 하늘나라의 값은 얼마나 나갈까? 극락이라고 일컫는 그곳은 지극히 즐거운 곳으로 죽지 않고 영원히 살며 기쁨과 즐거움을 한없이 누린다는 곳인데 도대체 그 값은 얼마나 될까? 그런 곳이 값으로 매겨질 수야 있겠는가? 이 세상을 다 주고도 어림없고 하나뿐인 내 목숨으로도 살 수 없을 텐데. 그러나 다행히 예수님께서 우리 편이 되시어, 유리한 조건을 달고 돈 없이도 하늘나라를 차지하는 방법을 가르쳐 주셨다. 그 계약의 내용을 살펴보자.

「오늘 저희에게 일용할 양식을 주시고 저희한테 잘못한 이를 저희가 용서하오니 저희 죄를 용서하시고 저희를 유혹에 빠지지 않게 하시고 악에서 구하소서.」

이것이 그리스도께서 우리에게 내밀은 계약서다. 용서가 아버지의 계약조건이니 저희가 형제를 용서하겠다는 것과 또 우리가 엉뚱한 길로 빠지지 않게만 돌봐 주십시오 라고 부탁하는 것이 하늘나라의 가격이다. 계약 내용이 어떤가? 절대로 손해 보는 장사는 아닌 것 같다.

주지하다시피 천국에 들어가는 일반적인 방법은 우선 도를 구하는 의지가 있어야 하고, 도를 구한 다음에는 수도하기 위해 죽음을 무릅쓴 수행을 해야 한다. 그러다 부처님 반 토막만큼만이라도 깨달음을 얻으면 모를까 실상 득도하기는 어렵다. 그렇지만, 그리스도교는 이런 힘든 과정을 거치지 않고 그냥 믿고 해 달라고 조르기만 하면 천국문을 열어 준다. "나는 문이다. 누구든지 나를 통하여 들어오면 구원을 받고, 또 드나들며 풀밭을 찾아 얻을 것이다." (요한복음10.9)

신비한 그림

많은 사람이 달려가고 있다. 그들은 돈과 권력과 명예가 내뿜는 거부할 수 없는 강렬한 페로몬 향을 좇아 달리고 있다.

"차지하여라, 먼저 차지하는 사람이 임자다!" 많은 사람이 누런 먼지를 일으키며 그것을 차지하기 위해서 정신 없이 달려가고 있다. 나도 그들 틈에 끼어 반세기를 넘게 달려왔다. 그러던 어느 날, 큰 바람이 불어와 나를 언덕 위로 밀쳐 올렸다. 정신이 혼미한 중에 아래를 내려다보니 내가 달리던 곳이 보였다. 내가 달리던 자리는 다른 사람이 차지하고, 남들과 앞서거니 뒤서거니 달리고 있었다.

다시 돌아가지 못하고 망설이는데 동쪽에 작은 길 하나가 보였다. 그 길은 사람의 왕래가 끊긴 듯 황량하고 적막한 기운이 드리워져 있었다. 조심스레 그 길을 따라가 보니 안개가 자욱이 앞을 가린다. 혼자 있으니 외롭고 두려운데 사방은 더욱 캄캄해졌다. 그때 안개 속에 누군가가 "따라오너라, 보여 줄 것이 있다." 하고 나를 잡아 이끈다. 그의 손에 이끌려 한참을 따라가자 어떤 신전에 다다랐다. 그는 신전 안쪽으로 나를 데리고 갔다.

제5장 살아있는 도(道)-그리스도

깊숙한 곳에 이르자 그가 양쪽 벽면을 손으로 가리켰다. 한쪽 벽에는 황금빛 글씨가 적혀 있고, 맞은편 벽면에는 큰 나무 그림이 바람에 흔들리듯 움직이고 있었다. 그 나무는 무성한 잎과 많은 과일을 달고 있었으며, 뿌리는 사방의 대지를 힘껏 움켜쥐고 있었다. 천천히 살피고 있는데 황금빛 글씨가 빛을 내며 천둥소리를 토해냈다. 그 소리는 신전을 울리며 사방으로 흩어져 나갔다.

천둥소리가 잦아들자 맞은편 그림 속의 나무가 온통 붉게 물들었다. 급기야 나무의 줄기에서 붉은 피가 쏟아져 나와 대지를 적시며 온 누리로 흘러갔다. 그 신비함에 놀란 나에게 그가 말한다. "지금 저 아래에는 수많은 사람이 달린다. 어떤 사람은 동쪽 좁은 산길을 오르고, 어떤 사람은 서쪽 넓은 광야를 달리고, 어떤 사람은 남쪽 꽃길을 달리고, 어떤 사람은 북쪽 황금의 도시를 향해 달려간다.

그들은 저마다 원하는 페로몬 향기를 따라 달리고 있다. 그러나 그들 중에는 길을 벗어나 이 언덕 위로 올라오는 사람도 있다. 언덕 위에 올라오는 사람 중에는 다시 내려가는 사람도 있고, 이곳 신전까지 오는 사람도 있다. 여기 신전까지 오는 사람 중에는 다시 돌아가는 사람도 있고 이곳 깊숙한 곳까지 들어온 사람도 있었다.

이 깊숙한 곳까지 왔던 사람 중에는 아무것도 듣지 못하고 또 보지도 못하고 나가는 사람도 있고, 황금 글씨의 천둥소리를 듣고 또 신비한 그림의 나무가 피 흘리는 것을 본 사람도 있다. 많은 사람 중에는 소

크라테스도 있었고 공자도 있었고 부처도 있었다. 그러나 그들은 황금
글씨의 천둥소리는 들었지만, 신비한 나무가 피 흘리는 것은 보지 못
했다."

천상천하 유아독존(天上天下 唯我獨存)

사람을 비롯한 모든 피조물은 천상천하 유아독존(天上天下 唯我獨存)이라고 할 수 있다. 나 이외의 그 어떤 것도 나일 수가 없기 때문에 나는 유일무이(唯一無二)하다. 그래서 나는 하늘에서나 땅에서나 오직 하나뿐이 없는 존재다. 그 하나뿐인 사람이 살아가는 방식에는 고정된 관념은 없다. 그것은 인간의 삶이 모두 다르고 또 달라야 하기 때문이다. 사람의 지문과 생김새와 성품과 목소리가 모두 다르듯 그 삶도 모두 달라야 세상이 풍요롭고 하느님의 창조 계획이 실현될 수 있다.

만약에 인간의 삶이 단순히 동물같이 먹고 먹히는 삶이거나 공장에서 찍어내듯 다 똑같은 삶이라면, 아무 의미가 없을뿐더러 그것을 보시기 위해 인간을 창조하지는 않으셨을 것이다. 하느님께서는 사람이 존재하는 그 수만큼 다채로운 삶을 보고 싶어 하신다. 비록 가난하거나 불행하거나 혹은 심신에 결함을 갖고 고통과 불편 속에 살아갈지라도 그것도 창조의 일부다. 그러므로 사람들이 주어진 모습대로 감사한 마음을 갖고 최선을 다해 성실히 살아간다면 하느님께서는 더 반기고 기꺼워하신다.

그들, 가난하거나 불행하거나 혹은 심신에 결함을 갖고 고통과 불편 속에 묵묵히 살아가는 사람들은 하느님께서 마련하신 하늘나라를 먼저 차지할 것이다. 그들은 이미 자신의 십자가를 지고 성실하게 살았기 때문이다. 그들의 삶은 건강한 사람의 그 어떤 훌륭한 삶보다도 주님께 더 큰 기쁨이 된다. 각양각색의 꽃이 저마다 독특한 향기를 뿜어 정원을 아름답게 꾸미는 것처럼, 최선을 다한 인간의 삶은 향기로운 꽃이 되어 하느님의 사랑을 듬뿍 받게 될 것이다. 그렇지만 우리가 사는 세상은 치열한 자연법칙이 지배하고, 사탄이 호시탐탐 기회를 엿보는 험악한 곳이기도 하다.

사람이 악에 물들지 않았을 때는 세속의 유혹을 멀리할 수 있겠으나, 삶이 곤궁해지면 사탄의 작은 눈짓이나 손짓에도 따르게 된다. 결국, 사탄의 집요한 유혹이 어리석은 사람을 지옥의 불길 속에 떨어지게도 할 것이다. 그러나 하느님께서는 지옥의 무서운 형벌을 모면할 수 있도록 구원자를 보내주신다. 구원자이신 그분은 우리의 형벌을 손수 받아지시고 하늘나라의 계단이 되어 주셨다. 그러므로 나는 다시 묻는다.

'사람이여, 그대는 어떻게 살 것인가?'

제6장

삶을 어떻게
살아야 하나?

마라나타

태우렵니다.
제가 가진 모든 걸

소중한 것도
못난 것도 모두 태워

오로지
당신 향한 마음

그 마음만
뜨겁게 달구오니

주님, 어서 오시어
저를 도와주소서.

새 술은 새 부대에

신기원을 이루신 예수님께서
이 땅에 오심으로 새 세상이 되었다.

"회개하여라, 하늘나라가 다가왔다."

예수님께서 우리에게
새 부대가 되어 새 술을 받으라 하신다.

바리사이의 완고한 생각을 버리고
회개하여 새 마음이 돼라 하신다.

부자 청년의 재물이 가득 찬 부대를
깨끗이 비우고 당신을 따르라 하신다.

불과 칼을 받아 아프고 슬픈 인생도
소명의 새 술을 받으라 하신다.

회한을 지속하면 주님 맞이할 수 없고
고통이 극심해도 천국 찾을 수 없으니,

슬픔과 고통의 부대와
교만과 탐욕의 부대를

당신이 들어가게
깨끗이 비우라 하신다.

진화론

　구약은 기원전 6세기 무렵에 구전되는 이스라엘 역사를 사제들이 기록한 것으로 그 속에는 천지창조가 나오지만, 공룡의 이야기는 없다. 과학은 46억 년 전의 지구의 탄생과 생명체의 진화와 멸종 등을 밝혀냈지만, 불과 15만 년 전에 나타난 인류에 대해서는 함구하고 있다. 그 이유는 창조가 신의 영역이기 때문이다. 창조는 과학으로 밝힐 수 없는 신의 영역이기 때문에 육신의 눈으로는 볼 수 없고 종교적인 믿음으로만 볼 수 있다.

　바닷속 비경을 보려면 바닷속으로 들어가 봐야 하듯, 하느님의 창조를 보려면 창조주인 하느님의 교회에 들어가 봐야 한다. 교회 밖의 세속적인 눈으로는 하느님과 그분의 창조물인 인간을 바르게 알 수는 없다.
　하느님의 창조를 이해하지 못하거나 부정하는 사람들은 진화론에 귀를 기울이게 된다. 그렇지만 진화 또한 하느님 섭리의 일부분이다. 진화는 피조물이 창조된 이후에 자연의 질서와 시간의 흐름 위에서 변화하고 발전하는 것이니 과학으로 추적하면 얼마든지 밝힐 수 있다. 눈에 보이는 것만 믿는 사람들은 이런 과학이 그들의 우상이 되기도 한다.

창조와 진화를 따로 떼어놓고 '어떤 것이 옳으냐?' 하는 그들의 이분법적 사고방식은 '닭이 먼저냐 달걀이 먼저냐?' 하는 식의 끝없는 논쟁을 불러일으킨다. 진화론자가 주장하는 빅뱅이 제아무리 처음이고 무한히 크다 해도, 그것은 하느님에게는 처음도 아니고 먼지같이 작은 것에 불과하다. 필자가 이렇게 창조와 진화를 언급하는 것은 진화론자가 창조를 인정하지 않고, 우리 인간의 삶을 단순히 3차원의 물질세계에 고정하고 있기 때문이다.

진화론자의 잘못된 관념으로 하느님이 없어지고 말았다. 하느님이 없어지자 그들에게는 나온 곳도 모르고 또 끝나고 돌아갈 곳도 없어졌다. 결국, 하느님을 버리고 원숭이를 조상으로 삼은 어리석은 진화론자는 동물적인 삶이 요구하는 대로 돈 향락 권세 같은 우상을 섬기게 되었다.

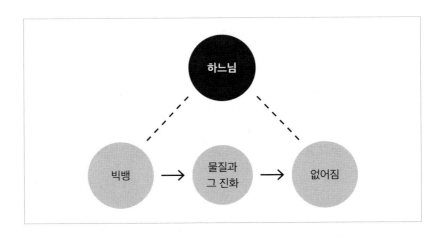

또한, 그들은 자기들이 그렇게 살았듯이 어린 자녀에게도 100년도 가지 못하는 허망한 우상을 섬기게 하였다. '돈이 최고다.'라고 자녀들에게 가르치며 창조를 이어가는 목마른 어린 자녀의 영혼에서 하느님을 지워버린 것이다. 이제 그들의 불쌍한 자녀들은 하느님이 만든 세상속에서 그리스도가 죽음으로 완성한 율법의 잣대를 빼앗기고, 아무 생각 없이 잘못된 관념으로 이 세상을 살아가게 된다.

그들의 어린 자녀들은 TV 속의 오락물과 퇴폐적인 폭력물 또는 여과되지 않은 상업적인 영상물의 폐해 속에서, 불량한 청소년의 문화를 만들어가며 맹목적이고 극단적인 삶을 전개하게 된다. 하느님을 빼앗긴 그들의 삶과 죽음은 허무함만 있을 뿐이다.

21C 초 서울의 중학교 졸업식장의 풍경이다. 졸업생들이 달걀과 밀가루를 뒤집어쓰고 발가벗고 교문을 뛰쳐나간다. 남학생 심지어 여학생까지 수치도 모르고 알몸으로 거리를 달리는 것이 학생들의 전통이라고 한다. 기자가 학생에게 물어보니 간단히 대답한다. "다 끝났잖아요." 끝이란다! 다 끝났으니까 아무렇게나 해도 괜찮다는 것이다. 옷을 찢어도 상관없고 벗은 몸으로 거리를 활보해도 괜찮다는 것이다. 학교

가 눈을 감고 사회가 묵인하고 있다. 너그러워서 그런지 정부와 교육 당국도 그냥 바라보고만 있다. 그렇게 되면 나중에는 모두 발가벗고 졸업식을 거행하게 될 것이다.

그런 그들이 결국에는 죽어도 상관없고 죽여도 괜찮은 사람이 된다. 이러한 세태를 증명하듯 사회 곳곳에는 자살 소동이 계속 일어난다. 유명 연예인이 줄줄이 자살하고 어린 학생과 생활고에 허덕이는 불쌍한 사람들이 죽음 속으로 절망을 피하고 있다.

또 막가파와 같은 흉악한 살인집단이 세상에 출몰하고 연쇄 살인마들이 길거리를 활보한다. 황금만능의 부패한 이 사회에는 거짓과 사기 도둑 강도 강간 폭력 살인 테러 전쟁 등 온갖 범죄가 범람하며, 파멸에 소용되는 갖가지 죄악을 쏟아낸다. 이 모든 죄악이 하느님을 없앤 사람들이 허무와 멸절의 두려움 속에서 자행되는 것이다. 어리석은 진화론자와 무신론자들이 자신들의 하느님을 버리고 돌아갈 곳을 없앴기 때문이다.

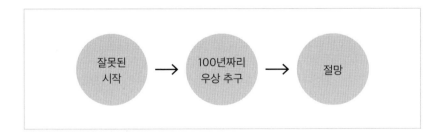

진화론자가 처음부터 잘못된 곳에서 출발하였기에, 우리의 사명은 그들이 추구하는 우상의 헛됨과 그로 인한 부활이 없어진 참담한 미래로부터, 우리의 신앙과 자손을 지키고 그들의 허황된 논리에서 사람들을 건져내는 데 있다.

:

탕자의 귀향

"내가 시작이요 내가 마감이다." <이사야> 44장 6절

처음과 끝을 꼭 잡고 계시는 그분은 당신을 원하는 사람이면 누구라도 손을 내밀어 주신다. 지금 계시고 전에도 계셨고 장차 오실 주 하느님께서 말씀하심으로 나는 내가 나온 곳을 알게 되었고 죽어도 그분의 품속인 것을 깨닫게 되었다. 탕자의 귀향은 나에게는 이상이다. 아니 우리 모두에게 나온 곳으로 다시 돌아감은 꿈이다. 탕자의 가난은 자신의 뒤를 돌아보게 하고 그 고통은 귀향의 지혜를 열어주었다.

그는 뉘우침으로써 더 이상의 탕자가 아니었고 용기를 내어 아버지의 집에 돌아감으로써 금의환향하는 자랑스러운 아들이 되었다. 그 탕자였던 아들이 아버지에게 큰 기쁨을 준 것을 보라! 그는 아버지의 사랑을 되새겼고 아버지의 생각으로 꽉 차서 아버지를 찾았기 때문에, 사랑을 느끼지 못해 무덤덤한 큰아들보다 아버지를 더 많이 사랑하게 된 것이다.

드디어 우리도 아버지를 찾았다. 우리가 다시 만난 아버지께서는 우

리를 낳아주시고 우리의 죽음도 돌봐주시는 탕자의 아버지, 바로 우리의 하느님이시다. 이제 우리는 인생의 긴 여행을 끝내도 돌아갈 곳이 생겼다. 반갑게 맞아줄 아버지를 찾았기 때문이다. 아버지는 마을 사람들을 불러와 잔치를 열고 기쁜 마음으로 나를 받아주실 것이다.

나 이제 아버지 집으로 돌아가리라!

예수의 십자가

"이는 내 아들 내가 택한 아들이니 그의 말을 들어라."

아버지께서는 예수 그리스도를 보내시어 탕자인 우리들을 맞이하신다. 허망한 우상을 따라다녔던 우리에게 아버지께서는 눈에 보이는 참 믿음인 그리스도를 따르게 하셨다. 우리는 아버지가 시키는 대로 예수 그리스도를 믿고 따르기만 하면 된다. 믿고 따르는 것, 이것이 신앙이다. 그렇게 하면 우리도 예수 그리스도처럼 부활하여 아버지의 하늘나라로 들어갈 수 있다.

예수 그리스도는 빛으로 오셔서 우리의 삶을 인도하시고, 우리의 죽음도 어둠 속에 묻지 않고 부활하게 하셨다. 예수 그리스도는 우리의 죄를 아버지에게 용서를 청하시고 우리 대신 십자가의 형벌을 받으셨다. 예수의 십자가는 죄인이며 탕자인 우리와 관계를 회복하려는 아버지의 뜻이다. 이렇듯 예수께서 우리를 위해 죽음을 맞으신 것은 아버지의 계획이었고, 고통의 십자가는 우리 믿음의 상징이 되었다. 그리하여 그분의 죽음으로 완성된 십자가는 천국의 계단이 되어 하늘까지 닿았다. 이제 우리는 예수 그리스도의 십자가를 통하여 하늘까지 올라갈 수 있게 되었다.

참 기쁘지 아니한가?

그러나 기쁨은 없었다

부처는 피안에 이르는 길을 깨달았을 때 형언할 수 없는 큰 기쁨이 넘쳤다고 하였다. 그런데 우리는 부처의 깨달음보다 더 큰 부활의 신비를 보고도 기뻐하지 않는다.

왜 그럴까?

기쁨이 없는 신앙은 반쪽짜리다. 그리스도를 믿는 우리는 부처와 같은 깨달음을 얻었다고 할 수 있을 것이다. 그러나 우리는 부처와 같이 하늘나라에 올라가는 길을 찾았지만, 부처는 큰 기쁨을 느꼈고 우리는 작은 기쁨도 느끼지 못하고 있다.

그 원인은 무엇일까?

편안함에서 나오는 인간의 태만 때문일까?

부처는 칠흑 같은 고해 속에서 스스로 길을 발견하였다. 어둠 속에서 길을 찾은 그 기쁨은 말로 표현할 수 없을 것이다. 그러나 우리는 어쩌다 그리스도를 만나 아주 편안하게 천국행 열차를 타게 됐으니 깨달음의 희열을 느껴보지 못했을 것이다. 복음이 선포된 세상에 태어난 우리는 어둠 속 빛을 보지 못했고 수행으로 얻어지는 득도의 성취감도 맛보지 못하였다. 게다가 그리스도의 희생에 동참하지도 않았던 우리는 그저 그분의 부활을 남의 일처럼 무덤덤하게 바라보면서, 막연히 천국행 열차가 오기만 기다렸던 것은 아니었을까?

그것이 문제였다면, 지금부터라도 우리는 부활의 기쁨을 찾아야 한다. 다행스럽게도 우리는 그 기쁨을 본능적으로 알고 있다. 아기와 엄마가 부활 놀이를 통하여 서로 소중함을 느끼는 데서 찾아볼 수 있다. 엄마가 죽은 척하고 있을 때 아기가 흔들어도 일어나지 않으면 아기는 곧 울음을 터트린다. 이때 엄마가 까꿍 하고 일어나면 아기는 울음을 그치고 엄마가 살아난 것을 매우 기뻐한다. 이렇게 엄마와 아기는 무의식적으로 부활의 기쁨을 나누고 있다. 아기도 이것을 보고 따라 한다. 가만히 죽은 척하고 있다가 엄마가 흔들고 간지럼 태우면 그때야 깔깔대고 웃는 것이 어쩌면 그리스도의 부활을 흉내 내는 것 같다. 이처럼 기쁨은 부활하는 데서 나오고 부활은 신앙생활의 궁극적인 목표다.

그러므로 기쁨이 없는 신앙생활은 향기 없는 꽃이고 색깔 없는 무지개이며 맛없는 음식이다. 그러니 마음에서 기쁨이 저절로 넘치도록 우리의 생각을 바꾸고 마음도 비워보자. 그리하여 부활의 기쁨이 흩어지지 않는 그리스도의 향기처럼 언제나 우리 곁에 머물도록 하자.

세 가지 보물

　교회에 가면 하늘나라의 이야기를 들을 수가 있다. 그곳에는 힘들고 고달픈 사람들이 하늘나라의 이야기로 목을 축이고 있다. 십자가가 높이 솟아있는 그곳은 탕자를 기다리는 아버지의 집이고, 하늘나라의 이야기는 탕자를 부르는 예수 그리스도의 말씀이다. 지금 그곳에 가면, 그리스도의 제자가 무거운 짐을 지고 있는 우리를 반갑게 맞이한다. 그리스도의 제자인 사제는 하느님께 우리를 소개하고 그분의 아들로 관계를 맺어준다. 그러면 우리는 한님을 아버지라 부르고 신앙을 고백한다. 그때야 비로소 우리는 우리의 생명나무를 받아 키우게 된다.

　사제는 그리스도께서 하신 것처럼 세례를 베풀어 우리의 무거운 짐을 받아 내리고 협력자인 성령을 붙여준다. 한님의 성령께서는 언제나 우리와 함께 여행하며 고된 십자가의 길을 잘 걷게 도와주신다. "나더러 '주님, 주님,' 하고 부른다고 다 하늘나라에 들어가는 것이 아니다. 하늘에 계신 내 아버지의 뜻을 실천하는 사람이라야 들어간다."

　하늘에 들어가려면 실천해야 할 조건이 있다. 그것은 기도와 선업과 희생이다. 이 조건은 마치 다섯 처녀가 언제 올지 모르는 신랑을 맞기 위해 준비하는 기름과 같은 것이다. 유대인의 자선과 기도와 단식이 바로 다섯 처녀의 기름이 된다.

선업 ▶ 그러므로 네가 자선을 베풀 때는, 위선자들이 사람에게 칭찬을 받으려고 회당과 거리에서 하듯이, 스스로 나팔을 불지 마라. 내가 진실로 너희에게 말한다. 그들은 자기들이 받을 상을 이미 받았다. 네가 자선을 베풀 때는 오른손이 하는 일을 왼손이 모르게 하여라. 그렇게 하여 네 자선을 숨겨 두어라. 그러면 숨은 일도 보시는 네 아버지께서 너에게 갚아 주실 것이다.

기도 ▶ 너희는 기도할 때에 위선자들처럼 해서는 안 된다. 그들은 사람들에게 드러내 보이려고 회당과 한길 모퉁이에 서서 기도하기를 좋아한다. 내가 진실로 너희에게 말한다. 그들은 자기들이 받을 상을 이미 받았다. 너는 기도할 때 골방에 들어가 문을 닫은 다음, 숨어 계신 네 아버지에게 기도하여라. 그러면 숨은 일도 보시는 네 아버지께서 너에게 갚아 주실 것이다.

희생 ▶ 너희는 단식할 때에 위선자들처럼 침통한 표정을 짓지 마라. 그들은 단식한다는 것을 사람들에게 드러내 보이려고 얼굴을 찌푸린다. 내가 진실로 너희에게 말한다. 그들은 자기들이 받을 상을 이미 받았다. 너는 단식할 때 머리에 기름을 바르고 얼굴을 씻어라. 그리하여 네가 단식한다는 것을 사람들에게 드러내 보이지 말고, 숨어 계신 네 아버지께 보여라. 그러면 숨은 일도 보시는 네 아버지께서 너에게 갚아 주실 것이다.

> 「그때 예수님께서 제자들에게 말씀하셨다. "너희는 사람들에게 보
> 이려고 그들 앞에서 의로운 일을 하지 않도록 조심하여라. 그러지
> 않으면 하늘에 계신 너희 아버지에게서 상을 받지 못한다.」 마태오
> 복음 6

이렇듯이 기도와 선업과 희생은 위선이 아니라 진심인 것이다. 마음
을 다한 우리의 정성 어린 봉헌은 숨은 일도 살펴보시는 아버지께서 분
명 갚아 주실 것이다. 그렇기 때문에 우리는 기도와 선업과 희생의 삶
을 실행하며 거친 광야를 기쁜 마음으로 줄기차게 건너야 한다. 이 세
가지 보물은 하느님께서 에덴의 동쪽에 감춰두신 생명나무의 열매와
같은 것이다.

기도

　기도는 생명나무의 뿌리와 같다. 불신자도 곤경에 처했거나 고통스러울 때 저절로 튀어나오는 것이 기도다. 이러한 인류의 보편적인 기원(祈願)을 신앙인은 기도로 구체화하여 하느님과 직접 소통하고 있다. 그래서 필자는 기도를 신앙생활의 가장 근본이 되는 뿌리로 규정하였다.

　그리스도의 복음이 하늘나라를 보장하는 하느님의 약속이라면, 기도는 우리가 그 약속에 화답하는 사랑의 고백이라 할 수 있다. 그런데 우리는 이 사랑의 고백을 얼마나 잘하고 있을까? 기도에 대한 서적이 많은 것을 보면 너나 할 것 없이 많이 서투른 것 같다. 필자도 서투른 기도의 단상을 이곳에 소개할까 한다.

　하느님과의 만남을 허상으로 생각하고 "설마 이곳까지" 하는 의심 때문에 우리의 기도는 공허한 짝사랑이 될 때가 많다. 그러다 보니 기도하는 것이 괜한 시간의 낭비인 것 같고, 어떤 보람도 느끼지 못해 결국 고백하는 일에 게을러진다. 이러한 의심과 태만이 우리를 주님의 잔치에 예복을 입지 않고 참석한 사람으로 만든다. 그렇지만 하느님과 만남은 절대로 허상이 아니며 결코 이룰 수 없는 일도 아니다. 하느님은 사랑으로 만날 수 있고, 이 방법이 기도이니만큼 마음을 다한 기도는 하느님을 만나게 할 것이다.

기도는 사람의 말이다. 사람(人)의 말(言)은 믿음(信)이다. 기도는 믿음을 굳게 만드는 일이며 주님을 사랑하는 방법이 된다. 사랑하는 마음을 표현하려면 주님과 마주해야 한다. 주님이 지금 내 앞에 계신다고 생각하면 기도가 아무리 서툴고 쑥스럽고 부족할지라도 사랑과 믿음으로 잘 짜여진 예복이 되어 한님의 잔치에 참석할 수 있게 만든다.

예수님께서 가르쳐주신 첫째가는 계명이 "마음을 다하고, 목숨을 다하고, 생각과 힘을 다하여 주님이신 하느님을 사랑하라"는 것이다. 주님을 사랑하라는 첫째가는 계명을 지키는 길이 바로 기도다. 하늘에 계신 하느님을 직접 보고 만지며 사랑할 순 없지만, 기도로는 얼마든지 가능하다. 진정으로 사랑하는 사람을 위해서라면 마음과 목숨 그리고 정신을 다 바쳐도 아깝지 않다. 그런 사랑으로 주님께 '마음을 다하여 주님만을 사랑하고, 목숨을 다하여 영원히 사랑하고, 생각과 힘을 다하여 뜨겁게 사랑합니다.'라고 고백하는 것이다.

그러나 기도하는 일은 현실적으로 많은 인내와 노력과 시간이 필요하기 때문에 우리의 적극적이고 지속적인 희생을 요구한다. 우리는 또 이 희생을 제물 삼아 하느님께 우리의 사랑을 각인시켜 드릴 필요가 있다. 하느님께서 우리를 불쌍히 보시면 필히 우리에게 무한하신 은총과 자비를 베풀어 주실 것이다. 꾸준히 올리는 기도는 우리의 의지 위에 주님의 은총으로 더욱 풍성하게 부풀어진다. 비록 내 기도가 자신의 마음에 들지 않더라도 '오늘도 주님을 만나 은총을 받았다.'라는 긍정적인 생각으로 기쁘게 하자. 그러면 이 기쁜 마음이 기도를 지속하게 만드는 원동력이 된다. 실제로도 은총은 기도하는 중에 더해진다.

> 「주님이 말씀하신다. "내가 진실로 너희에게 말한다. 너희가 기도하며 청하는 것은 무엇이든 이미 받은 줄로 믿어라. 너희에게 그대로 이루어지리라."」

기도는 열정이다. 열정은 '주님 안에 머문다.'라는 뜻이다. 열정적인 기도는 성령이 충만한 기도가 된다. 그 기도는 나의 기분을 상승시키어 주님의 성 가정의 일원이 되게 하고, 나약한 인간이 아닌 성령의 힘으로 세상을 살아가게 한다. 또 모든 것을 성취하는 최상의 기도는 순수한 마음에서 나온다. 마음이 순수할수록 우리의 기도는 더욱 힘을 얻는다. 순수한 마음은 청빈에서 나오고, 그 힘은 최선을 다하는 성실에서 얻을 수 있다. 기도는 깨끗한 삶을 지향하고 선행을 도모하는 힘의 원천으로 신앙생활의 근본인 생명나무의 뿌리와 같다.

선업

선업은 생명나무의 줄기와 같다. 사람은 착하게 살아가도록 본성에 새겨져 있다. 아무리 나쁜 사람일지라도 자기 자식에게는 착하게 살라고 가르치지 않는가? 착한 것은 인간의 바탕이기 때문이다. 착하다는 것은 주님의 뜻과 말씀에 순종하고 좋은 일을 도모하여 주님의 마음을 흡족하게 하는 행위이다.

배달민족의 경전, 교화경 천궁훈 제1절에 「한님의 나라에는 천궁이 있는데 온갖 착함으로 디딤돌로 하고 온갖 덕으로 문으로 삼았느니라. (天 神國 有天宮 階萬善 門萬德)」라는 구절이 있다. 이는 만 가지 선행을 쌓으면 그것이 내 천국의 계단이 된다는 뜻이다.

하늘나라는 그리스도의 십자가를 통해야 올라갈 수가 있다. 그러나 그리스도의 십자가는 피에 젖어 매우 미끄럽다. 죄를 진 사람은 피 묻은 그리스도의 십자가에 올라갈 수가 없다. 십자가가 미끄럽거니와 죄도 무겁기 때문이다. 그는 고해로 무거운 짐을 덜어내야 한다. 그렇지만 선행을 쌓은 사람은 그리스도의 십자가에 쉽게 오를 수가 있다. 하느님의 말씀을 잘 지키고 행동으로 실천한 그의 선행이 천국에 이르는 계단이 되었기 때문이다.

주님의 첫째가는 계명인 '하느님의 사랑'은 기도로 할 수 있지만 두 번째 계명인 '이웃사랑'은 행동으로 실천해야 한다. 하느님 사랑이 이웃 사랑으로 실천되어야 한다. 이웃을 사랑하는 행위가 선행이며 그중에 그리스도의 복음을 전하는 일이 가장 큰 선행일 것이다. 교회의 봉사 단체에 들어가 활동하는 것은 선업을 쌓을 수 있는 아주 좋은 방법이다. 봉사는 자기를 낮추는 일로 종이 되는 일이다. 종이 되어 봉사하는 일은 하느님을 높이는 일로 깊은 겸손에서 나온다. 그러므로 종은 이미 훌륭한 사람이 되었으며 "누구든지 자기 자신을 낮추는 사람은 높아질 것이다."라는 복음 말씀을 완성시키는 것이다.

이 세상을 살다 보면 남에게 은혜를 입을 때가 종종 있다. 그중에 가장 큰 은혜가 나를 그리스도께 이끌어 준 사람의 은혜일 것이다. 우리는 그 고마움을 항상 가슴에 새기고 은혜를 갚으려 한다. 그러나 그에게 은혜를 되갚는 것은 그 사람의 선행을 고작 두세 배로 갚는 데 그칠 것이고 결국 그의 선행을 하잘것없이 만들게 된다. 그 사람의 선행은 그 사람만의 계만선이 되어야 한다. 그 은혜에 보답하는 것은 그 사람이 나를 이끌어 준 것처럼 나도 또 다른 사람에게 복음을 전하는 것이다. 어둠 속에 있는 사람을 주님께 인도하는 것이 나를 이끌어 준 사람에게 대한 보답이고, 나 또한 하늘나라 궁전에 이르는 계단을 하나 쌓게 되는 것이다. "자선을 베풀 때에는 오른손이 하는 일을 왼손이 모르게 하여 그 자선을 숨겨 두어라. 그러면 숨은 일도 보시는 네 아버지께서 갚아 주실 것이다."(마태 6. 3~4)

그러나 전도하다 보면 많은 난관을 겪는다. 특히 신을 믿지 않는 대부분의 사람은 고집이 세어 인도하기 어렵다. 열성을 다한 전도에도 불구하고 복음을 받아들이지 않는다면 그 사람에게서 조용히 물러나야 한다.

마태오 복음서에「거룩한 것을 개들에게 주지 말고 너희의 진주를 돼지들 앞에 던지지 마라. 그것들이 발로 그것을 짓밟고 돌아서서 너희를 물어뜯을지도 모른다」또,「어디서든지 너희를 받아들이지도 않고 말도 듣지 않거든 그 집이나 그 도시를 떠날 때에 발에 묻은 먼지를 털어버려라.」라고 기록되어 있다.

그들의 어리석음과 고집스러움이 거룩하신 주님을 욕되게 하고, 복음을 전하는 사람에게 상처를 줄 것이며 이런 모습은 선량한 다른 사람들까지 전염시킨다.「남이 너에게 해 주기를 바라는 그대로 너도 남에게 해주어라. 이것이 율법과 예언서의 정신이다.」라고 하였다. 이 말은 선행(善行)의 진정성의 문제로 진실한 마음을 담아 전하라는 것이다. 결국 착한 일은 남을 위해서가 아니라 자기 자신을 위한 일이 된다.

내게 도움을 받는 사람 즉, 내가 도와주는 이는 내가 선업을 쌓을 수 있게 해 주는 은인이라 할 수 있다. 비록 내가 베푼 선행이 보잘것없다 할지라도 그 작은 일도 천국의 계단을 이루는 중요한 디딤돌이니 긍지를 갖고 기뻐해야 한다. 이 자부심과 기쁨이 선행을 실천함에 힘찬 원동력이 될 것이다. 그러므로 선업은 하늘나라에 오르는 생명 나무의 줄기와 같다.

희생

　희생은 생명나무의 꽃과 같다. 에덴동산에서 아담을 쫓아내신 하느님께서 동쪽에 거룹을 세우시고 돌아가는 불칼을 장치하여 생명나무에 이르는 길목을 지키게 하셨다. 그리하여 생명나무의 열매는 아무도 따먹을 수 없게 되었다. 그러나 그리스도께서 이 땅에 오시어 십자가의 희생으로 아담의 원죄를 풀어 주시고 우리에게 생명나무의 열매를 먹을 수 있게 해주셨다. 생명나무의 열매는 아담의 죄로 감춰지고 그리스도의 희생으로 다시 나타난 것이다. 그리스도께서는 몸소 우리에게 희생을 보여주셨다. 그리스도의 희생은 한님의 평화를 지키는 바른 생활을 말한다. 그 평화의 내용은 모세의 십계명과 그리스도의 복음에 들어 있다.

　평화를 지키는 것이 희생이다. 희생의 반대되는 개념은 평화를 거스르는 죄다. 십계명과 복음 중에는 '하라'와 '하지 말라'가 있다. '하라'는 것을 목숨 걸고 지키는 것은 희생이 되고 하지 않으면 죄가 된다. 또 '하지 말라'는 것을 목숨 걸고 지키면 희생이 되고 하면 죄가 된다.

　이 희생이 원수도 사랑하게 되고 나에게 잘못한 사람도 용서하게 된다. 예수가 십자가 위에서 저들의 잘못을 아버지에게 용서를 청했듯이 우리도 탐착에서 벗어나는 희생으로 하느님께 순종해야 한다. 그래야만 원수를 사랑하고 또 나에게 잘못한 이를 용서하게 될 것이다.

희생에는 여러 형태의 고통이 따라온다. 고통이 없는 희생이란 있을 수가 없다. 희생에 고통이 없다면 누구나 다 그리스도가 될 것이다. 어떤 모양으로 오든 고통은 그 자체가 봉헌물이 된다. 참된 희생은 우리를 지극히 높으신 하느님의 자녀가 되게 하고 하늘나라의 큰 상을 받게 한다. 그러나 나약한 인간은 어쩔 수 없이 죄를 짓게 된다. 그들은 하느님께 순종하지 않고 원수를 사랑하지 않고 나에게 잘못한 이를 용서하지도 않는다. 사랑과 용서가 없기에 인간사회는 증오와 복수로 평화가 깨진다. 죄를 지으면 벌을 받는다. 하느님의 평화를 깨트렸으니 벌을 받는 것은 당연하다. 그렇지만 인간이 나약해서 짓는 죄는 용서를 받을 수가 있다. 교회에 가서 사제에게 고백 성사로 죄를 용서받는 것이다.

교회에서는 기도와 봉헌물을 바치는 의식이 거행된다. 이때 하느님께 바치는 기도는 참되어야 하고 그 예물은 정성돼야 한다. 하느님께서 카인이 바친 곡식 예물보다 아벨이 바친 양 떼 가운데서 고른 맏배의 기름기를 더 반기셨던 것을 보라. 또 노아가 골라 바친 가장 좋은 들짐승과 새의 번제물에 매우 흡족하신 것처럼 우리가 바치는 봉헌 예물도 가장 깨끗하고 가장 좋은 것으로 바쳐야 한다.

옛날에는 사람도 제물로 바쳤다고 한다. 아마도 심청이 같이 흠 없는 처녀나 어린이나 어린이와 같이 때 묻지 않은 사람을 제물로 바쳤을 것이다. 이것은 정결한 제물로 죄 많은 자신의 정성을 표현한 것이다. 지금은 우리가 주일마다 바치는 헌금으로 번제물을 대신한다. 헌금은 남의 것을 훔치거나 강제로 빼앗거나 고리대금으로 갈취하거나 사기와 도박으로 얻은 부정한 돈으로 봉헌해서는 안 된다. 하느님이 반기시는 것은 예물이 많은 것보다 예물을 바치는 사람의 참됨과 정성을 보신다.

죄를 지으면 벌을 받듯이 희생을 바치면 나의 기도가 이루어진다. 노아는 깨끗한 번제물을 하느님께 바치고 다시는 땅을 저주하고 짐승을 없애지 않겠다는 다짐을 받아냈다. 또 하느님께 복을 받고 자손이 온 땅에 가득히 불어나라는 은혜도 받았다. 이때 하느님께서는 계약의 표로 무지개를 구름 사이에 걸어두고 약속하셨다. 노아가 하느님과 계약을 맺은 것처럼 우리가 지금 바치는 봉헌금으로도 주님의 축복과 자손의 번창을 약속하는 계약이 성립된다. 이 계약은 구름 사이에 걸쳐있는 무지개가 증명하고 이 세상에서 무지개가 사라지지 않는 한 하느님과 맺은 우리의 계약은 유효하다.

노아는 아주 작은 예물을 바치고 아주 큰 선물을 받았다. 우리도 노아가 했던 것처럼 작은 희생을 바치고 훨씬 많은 보상을 하느님한테 얻어낼 수 있다. 보잘것없는 나의 사랑을 하느님께 바치고 무한하신 하느님의 사랑을 내게 돌아오게 하는 것이 희생이다.

인류는 그리스도를 희생양으로 하여 죄에서 벗어나는 길을 찾았다.

더욱이 하늘에까지 올라 영원히 살 수 있게 되었다. 작은 것을 바치고 무한히 큰 것을 받아내는 이 희생이야말로 신앙의 핵심이고 정점이 된다. 그러므로 희생은 생명나무의 꽃이다. 예수님의 희생은 생명나무의 꽃을 피우고, 예수님의 부활은 생명나무의 열매를 맺게 하여 우리에게 나누어진다. 이 어찌 기쁘지 아니한가!

그리스도의 평화

　그리스도께서는 우리에게 평화라는 큰 선물을 주고 가셨다. 당신이 순명하는 삶에서 얻어낸 하느님의 평화를 우리에게 돌려주신 것이다. 그러나 우리는 그 평화를 느낄 수가 없다. 그리스도의 평화가 찰나에 스쳐 가기도 했지만 또 잠시 머물다 사라지기 때문이다. 비록 짧은 순간일지라도 내게 찾아온 평화가 그리스도의 평화라는 걸 깨달으면 그것이 참 평화일 텐데. 우리는 그리스도께서 주신 참 평화를 누려야 한다. 그러나 그리스도의 평화가 우리의 삶에 잘 보이지 않는다. 도대체 그리스도의 평화는 어디에 있는 것일까?

　우리가 평화롭지 못한 것은 너무 욕심이 많고 그로 인해 타인과의 관계가 깨졌기 때문일 것이다. 그 욕심은 그리스도처럼 순명하지 않고 모든 걸 자기 멋대로 하는 데서 나온다. 모든 게 내 것이 되어야 하고 내 마음대로 하는 탐욕과 교만이 그리스도의 평화를 내쫓은 것이다.

　주의 기도에 「저희에게 잘못한 이를 저희가 용서하듯이 저희 죄를 용서하시고」의 뜻은 "원망하는 마음을 버리고 용서로 깨진 평화를 복원하라"는 말씀이다. 그러면 타인과 관계가 개선되어 인간사회에 평화가 돌아오고 또, 하느님과의 관계도 좋아져 더 좋은 상을 받게 된다는 말씀이다.

창세기에 노아는 하느님께 순명하는 삶으로 홍수의 징벌에서 살아남을 수가 있었다. 나아가 새로운 세상에 주인의 자격으로 하느님과 평화조약을 체결하였다. 하느님께서는 그 계약의 표시로 하늘에 무지개를 걸어두셨으며, 그때 걸려있는 무지개는 평화의 상징이 되었다. 무지개는 일곱 빛깔이 서로 사이좋게 공존하며 이웃을 물들이거나 자기가 편리한 대로 없애지 않는다. 이것이 하느님께서 원하시는 평화다. 한 울타리 안에 있되 서로 싸우지 않는 것, 이것은 마치 멀리 출타한 아버지가 집에 남겨둔 자식들이 서로 싸우지 않고 사이좋게 지내기를 바라는 마음과 같다.

평화는 은총이기도 하지만 의무이기도 하다. 공산주의와 같이 남의 자유를 짓밟고 한 가지 색으로 물들이는 것은 하느님의 창조와 질서를 깨트리는 죄악이다. 하느님의 다채롭고 아름다운 세상을 한 가지 색으로 도배하려는 시도는 사탄의 꼬임에 넘어간 어리석은 인간만이 저지른다. 어리석은 사람들이 추구하는 평화는 돈과 권력 그리고 세속적인 즐거움에 있다. 그러나 이런 것들은 순식간에 사라지는 헛된 평화에 불과하다. 바벨탑이나 타락한 도시 소돔과 고모라의 파멸에서 보았듯이 어리석은 인간의 교만과 탐욕은 하느님의 분노를 불러일으킨다.

아버지의 뜻인 평화는 우리들 삶에 가장 큰 가치를 지닌 개념이다.

인간 사회에 겸손 사랑 청빈 순명 성실 인내 믿음 온유 희생 용서 등, 덕이라 불리는 모든 행위는 평화를 지키기 위해 꼭 필요한 덕목이다. 평화는 이 모든 덕을 양분으로 해서 꽃피우기 때문이다.

그리스도께서 당신의 평화를 나누어 주시며 말씀하신다. "속된 평화를 멀리하는 것을 걱정하거나 두려워하지 말라." 하신다. 그러니 그리스도인이여! 모두 일어나 나가자. 나가서 세상의 탐욕과 집착에서 벗어나 그리스도의 참 평화를 누리며 살아가자.

마음이 가난한 자의 행복

인간의 욕심냄이 부귀와 영화라지.
부귀가 재물이면 영화는 명예라네.

재물에 연연하면 심신이 번거롭고
명예에 집착하면 갈길을 잊는다네.

탐착을 멀리하면 번뇌가 사라지고
청빈과 동무하면 마음이 비워지지.

마음이 가난하면 지혜가 생겨나고
지혜로 바라보면 진위가 분별되네.

거짓을 가려내면 진리가 다가오고
진리에 들어가면 믿음을 갈구하지.

예수님 믿음으로 영혼이 구원받고
천국에 올라가면 참삶이 기다리네.

제7장

단상

별별 이야기

인간과 그 삶을
규명한다는 것은,

티끌로 태산을
유추하는 것 같지만,

그래도 미처 생각하지 못했던
우리의 존재와 인간의 삶을,

내 마음에 새겨진 한님의 계시와
성현의 가르침을 이정표 삼아,

한민족 역사에서 찾아보고
그리스도에게 물어 보았다.

십 수년간의 고찰을
삼족오의 본문으로 엮고

나머지 별별 이야기는
이곳 단상에 싣는다.

지식^(知識)과 지혜^(智慧)의 고찰

지식과 지혜는 모두 앎이지만
뜻과 쓰임이 서로 다르다.

지식이 많다고 지혜로운 것이 아니고
지혜롭다고 지식이 많은 것은 아니다.

지식은 고정관념이 있어 유한하고
지혜는 고정관념 없이 무한하다.

지식은 채워야 쓸 수 있고
지혜는 비워야 생겨난다.

지식은 경험과 학습으로 얻지만
지혜는 고통과 비움으로 터득한다.

지식은 밖에서 들어오고
지혜는 안에서 나간다.

지식은 선악이 모호하나
지혜는 선악을 구별한다.

지식이 세상의 귀라면
지혜는 천상의 눈이다.

지식은 남이 본 것을 보는 것이고
지혜는 남이 못 본 것을 보는 것이다.

동방의 등불

인도의 시성 타고르가 1929년 동아일보에 기고한 시(詩) '동방의 등불'은 암울한 일제 강점기에 의연하게 살아가는 우리 민족에게 보낸 응원의 시다. 놀랍게도 이역만리의 타고르는 우리 민족의 정체성을 꿰뚫어 보고 있었다. 3.1 독립운동의 결실을 보지 못해 실의에 빠진 우리 민족은 이 시를 통하여 커다란 위안과 희망을 품게 된다. 이 시가 필자의 마음에 와 닿아 오늘날 필자가 종교적인 시선으로 해석하고 음미해 본다.

동방의 등불

일찍이 아시아의 황금시대에 빛나던 등불의 코리아,
그 등불 다시 한 번 켜지는 날에 너는 동방의 찬란한 빛 되리라.
마음에 두려움이 없고 머리는 높이 쳐들린 곳,
지식은 자유스럽고 좁다란 담벽으로 세계가 조각조각 갈라지지 않은 곳,
진실의 깊은 속에서 말씀이 솟아나는 곳,
끊임없는 노력이 완성을 향해 팔 벌리는 곳,

지성의 맑은 흐름이 굳어진 습관의 모래벌판에 길 잃지 않은 곳,
무한히 퍼져나가는 생각과 행동으로 우리들의 마음이 인도되는 곳,
그러한 자유의 천당으로 나의 마음의 조국 코리아여 깨어나소서.

'동방의 등불'

일찍이 아시아에 빛나던 등불,
오! 한님의 나라.

그 등불 다시 한번 켜지는 날,
너는 동방의 찬란한 빛이 되리라.

한님 믿음 속에 기상이 높은 민족,
지혜로 세상을 감싸고 평화를 이루는 곳.

진실의 깊숙한 속에서 말씀이 솟아나니,
부단히 노력하여 홍익인간을 완성하는 곳.

지성의 맑은 흐름이 올곧아
혼암의 세상에도 정진하는 민족.

무한히 퍼져가는 생각과 행동으로

우리들의 마음을 인도하는 곳,

그러한 자유의 밝은 땅
내 마음의 조국 코리아여!

이제
깨어나소서.

여호와의 증인

"거짓말이라도 좋으니 사랑한다고 말해줘!"

사람은 거짓말이라도 태생적으로 믿어야 산다. 사람의 본성 안에 하느님이 계시기 때문에 믿음에 대한 욕구가 들어있다.

어렵고 힘들 때 무의식적으로 찾는 것이 하느님이다. 어렵고 힘들 때는 거짓말이라도, 바르지 못한 헛된 우상이라도 채워져 있어야 마음이 평안해진다. 그 사람은 자신 안에 믿음의 욕구를 채워준 거짓말과 헛된 우상을 참인 듯 믿으며 살아간다. 그래서 우상이 존재하나 보다. 인류의 급격한 증가와 그에 따른 분화가 우상을 만들기도 한다. 지상 곳곳으로 퍼져나간 사람이 하느님을 바꾸고 믿는 방법을 달리하다 보니 바르지 못한 우상이 등장하게 된다. 인류의 믿음은 그리스도 이후에도 꾸준히 우상을 만들고 있다. 그러나 여기에 십자가와 성모님을 우상이라고 여기는 사람들이 있다.

2005년에 있었던 일이다. 여호와의 증인 신도가 성서를 연구하는 모임이라고 하면서 대화를 청해왔다. 마침 시간도 있어 그들을 사무실로 들였다. 필자는 50대 남자고 그들은 3~40대 남녀들이었다. 이들이 종교를 묻길래 천주교 신자라 하니 더 적극성을 띠며 접근하였다. 그들이 하는 말이 불교 신자나 무신론자보다 천주교 신자가 대화하기가 더 좋다고 한다. 천주교 신자는 이미 하느님을 알고 있으니 별도의 수고를 아끼게 되고, 성서도 같으니 그들에게 주 고객인 셈이다. 그들은 천주교와 여호와의 증인 두 교리의 차이점을 얘기해 설득되면 포섭하는 것이고 아니면 될 때까지 방문할 요량이었다.

나는 성서를 많이 보지 못해 지식이 얕은데 그들은 얼마나 많이 연구했는지 청산유수처럼 주저리주저리 잘도 읊어 댄다. 하여 필자는 천주교 신자로서 20여 년 동안 생긴 의문점을 그들은 어떻게 생각하고 있나 물어보았다. 그러자 그들 중에 회장인 듯한 여자가 근거가 있는지 없는지 가늠할 수 없는 대답을 거침없이 쏟아내었다.

그들은 나의 사무실에 찾아온 손님으로서 나는 그녀의 말을 긍정적으로 대하는 데 반해 그녀는 나의 말을 인정하지 않고 가르치는 듯한 자세로 일관하였다. 특히 십자가를 우상이라고 하면서 천주교 신자들은 막대기를 섬긴다고 몰아세웠다. 십자가와 성모님을 우상이라고 몰아세우는데도 뭐라 말도 못 하고 부화만 잔뜩 치밀어서 그날은 그냥 그렇게 끝냈다. 그냥 내쫓았다. 그러나 어찌하리! 며칠 뒤에 그들이 웃는 얼굴로 다시 찾아왔다. 며칠간 나름대로 이런 일을 당하면 나름대로 대처할 생각을 마련하였는데 그들이 마침 찾아온 것이다.

나는 십자가를 우상이라고 한 것에 대한 반론으로 '사진론'을 만들었다. 전에 가족사진을 항상 넣고 다녔던 것을 떠올렸다. 십자가를 보고 기도하는 것은 사랑하는 사람의 사진을 보고 그리워하는 것과 마찬가지 이치라고 생각한 것이다. 그리스도의 십자가를 막대기라고 하는 그들에게 "당신도 사랑하는 아들을 보고 싶으면 사진을 보지 않느냐, 당신 말대로라면 사진을 보지 않고 마음으로만 봐야 하지 않겠는가?"라는 식의 사진론을 준비해 두었다. 그리하여 "당신이 사랑하는 아들이 그 종이가 아닌 것처럼 우리가 사랑하는 것은 그 나무가 아니다. 당신이 우리가 그 나무막대기를 사랑한다고 몰아세우면, 우리도 당신을 종이만 사랑하는 엄마라고 말해도 되는 것이 아니냐?"라고 십자가 건을 다시 거론하였다.

기껏 생각해 낸 것을 말주변도 없는 내가 조금은 흥분해서 열심히 설명해 주었더니, 웬걸 내가 한 말은 귓등으로 듣고 또 일방적인 설교를 하였다. 시간 낭비다 싶어 다시는 오지 말라고 하면서 자리에서 일어났다. 그러나 며칠 뒤에 이번에는 다른 사람과 함께 나타났다. 참 끈질기다. 나도 신앙생활에 줏대가 있고 열정이 있다고 자부하는데 이 사람들은 나보다도 훨씬 위에 있다.

노여움도 타지 않고, 초로의 나를 넘어뜨려 무얼 얻겠다고 이렇게까지 공을 들이나 하는 생각에 또 말을 섞게 되었다. 대화하면서 느낀 것인데 그들은 성서를 초지일관 짜깁기를 하고 있었다. 자기네가 필요한 부분만 인용해서 의도한 대로 대화를 이끌어 나가고 있음을 알았다.

일례로, "내가 다니는 교회는 당신네 여호와의 증인과는 비교할 수 없이 크고 신자도 많다. 우리 교회는 아주 커다란 배를 타고 항해하는데 당신들은 쪽배를 타고 가면서 자꾸 내려오라고 하는데, 거친 바다를 그 쪽배로 온전히 운항할 수 있겠는가?" 하고 물어보았다. 그랬더니 천주교는 썩어서 종교개혁이 끊임없이 일어나 곧 침몰할 거란다. 덧붙여 말하길 천국 문은 좁아서 들어가는 사람이 적은데, 그 좁은 문은 천주교 신자보다 상대적으로 적은 여호와의 증인만 들어갈 수가 있단다.

　"좁은 문으로 들어가거라. 멸망에 이르는 문은 크고 또 그 길이 넓어서 그리로 가는 사람이 많지만, 생명에 이르는 문은 좁고 또 그 길이 험해서 그리로 찾아드는 사람이 적다."(마태 13-14)를 보면 여호와의 증인 이야기는 안 나온다. 이렇게 얼토당토않은 말을 어쩌면 눈썹 하나 찡그리지 않고 내뱉는지 얄궂다. 믿음이 그렇게 만드는가 보다. 여기서 믿음이란 신앙의 진위를 떠나 사람의 본성 안에 있는 순수한 신념을 두고 하는 말이다. 그녀는 '여호와의 증인'이 참된 진리의 교회라고 철석같이 믿고 있다.

　그리스도를 믿지 않는 죄는 큰 문에 들어서는 것처럼 쉽지만, 그리스도를 닮으려는 희생은 좁은 문에 들어가는 것처럼 어렵다. 그러니 "'여호와의 증인'이여, 잘 가는 사람을 수렁 속으로 끌어들이지 말고 당신들의 말장난에서 얼른 빠져나오시오." 2005년 5월 어느 날이다.

구상적 보물

나는 기도와 선업과 희생을 기쁨을 주는 세 가지 보물로 규정하였다. 이 세 가지 보물은 내가 실행하는 추상적 개념의 보물로 생명나무의 뿌리와 줄기 그리고 꽃으로 비교하였다. 그런데 지금은 또 다른 보물을 말해 보려고 한다. 이 보물은 나에게 힘을 보태 주는 보물로 천주교에만 있는 보물이다. 특히 개신교 신자인 P 형에게 자랑하고 싶어서 짐짓 규정해 보았다. 그 보물은 영원한 생명을 주는 참 양식인 성체와 우리의 기도를 전구 해 주시는 성모 마리아 그리고 항상 깨끗한 삶을 살 수 있게 하는 고해성사다.

이웃집에 사는 유머러스한 개신교 P 형은 주일 오후가 되면 마리아 교회 잘 갔다 왔느냐고 인사한다. 성당에 마리아 상을 보고 하는 말이겠지만, 그게 어찌 그 형제만의 말이겠는가? 필자는 그런 P 형에게 우리는 마리아를 믿는 게 아니고 공경하는 것이며 그분과 함께 기도하는 것이라고 말해준다. 그렇지만, 날 놀리려 하는 사람이 쉽게 곧이듣겠는가? 그래서 우리는 가끔 종교전쟁을 치른다. 이렇게 종교전쟁을 치르는 원인을 생각해 보면, 500여 년 전에 성서의 해석과 믿음의 방법, 그리고 가톨릭교회의 부패상에서 그 원인을 찾아볼 수 있을 것이다. 그러나 지금 우리가 이렇게 다투는 이유는 단지, 처음부터 믿음에 대한 올바른 이해와 사전 지식도 없이 어쩌다가 나는 천주교에 줄을 섰고 P 형은 개신교에 들어갔기 때문이다. 각자 믿는 방법과 예식이 다른 교회에 들어갔으니 다정한 이웃이라도 종교 전쟁은 피할 수 없게 되었다.

천주교를 마리아 교회라고 부르는 그 이유는 개신교가 가톨릭에서 떨어져 나간 명분이 필요했기 때문일 것이다. 그러기 위해서는 천주교와 차별성을 강조해야 하는데 그것이 성모 마리아와 고해성사가 아닌가 싶다. 이 두 가지가 가장 많이 P 형과 다투는 문제다. 그러나 성체와 더불어 고해성사와 성모 마리아는 천주교에서는 어느 하나 빼놓을 수 없는 아주 소중한 보물이다. 그러한 성모님이 P 형에게 놀림감이 되었으니 어쩔 수 없다. 결국 십자가의 예수님께서 어머니와 제자를 모자 관계로 맺어 주신 구절을 떠올리고, 성모님은 줄곧 우리와 함께 계시며 우리를 위해 기도해 주신다는 대목을 넌지시 말해 주었다. 또 다른 예를 들어 어느 회사가 있는데 할아버지는 회장님이시고 아버지는 사장님, 아들은 전무님이라고 할 때, 이 회사에 납품을 하거나 혹은 취직을 하려면 회장님 사장님 전무님 모두에게 부탁하는 것도 좋지만 사장님의 부인에게 부탁을 하면 더 힘 받을 것이 아니냐? 사장님의 부인인 사모님은 회사에 실질적인 권한은 없지만 그 영향력은 어마어마하지 않겠는가?라고도 해봤다.

그러나 P 형은 들은 척도 하지 않고 틈만 나면 마리아 교라고 부른다. P 형의 개신교에 대한 반감이 깊어질 당시 필자는 마르코 복음 9,

38~40절을 보게 되었다. '아하! 이 구절이 개신교를 예견한 것이구나!' 하는 생각에 억하심정의 감정을 누그러트릴 수 있었다.

> 「요한이 예수께 '선생님, 어떤 사람이 선생님의 이름으로 마귀를 쫓아내는 것을 보았는데 그는 우리와 함께 다니는 사람이 아니었습니다. 그래서 그런 일을 못 하게 막았습니다.' 하고 말하였다. 예수께서는 '말리지 말아라. 내 이름으로 기적을 행한 사람이 그 자리에서 나를 욕하지는 못할 것이다. 우리를 반대하지 않는 사람은 우리를 지지하는 사람이다.'」

개신교의 등장은 이처럼 필연적이었다는 것을 보여 주는 구절이다. 지금도 천주교가 하지 못하는 일을 개신교가 대신해 주는 것을 보면 알 수 있다. 예를 들어 천주교는 기득권에 안주하려는 바리사이의 완고한 마음처럼 변화에 미온적이지만, 개신교는 고정된 형식에 집착함이 덜하고 전교함에 있어서도 더 적극적이다. 목회자와 신자들의 열정은 또 어떤가? 목회자의 설교는 한결같이 힘차고 격정적이며 매우 호소력이 있다. 필자는 '개신교 신자'하면 먼저 떠오르는 것이 성경을 들고 교회에 가는 모습이다.

주일이면 좋은 옷으로 갈아입고 가족끼리 교회에 가는 그들의 모습이 눈에 선하다. 교회를 신명 나게 만들어 서로 부축하고 끌어안으며 아기자기하게 신앙생활을 하는 모습이 그때 참 아름답게 보였다. 그러나 천주교에도 개신교에 없는 아름다움이 있다. 그것은 성체성사와 고해성사 그리고 자비로우신 성모 마리아다. 필자는 이 세 가지를 천주교만이 향유한 구상적 보물로 꼽았다.

개신교에는 성체와 고해성사가 없을뿐더러 성모님도 안 모신다. 예수와 함께 다니지 않아 고해성사도 없고 최후의 만찬에 참석하지 않아서 빵과 포도주도 없다. 또 작은 집이기에 어머니도 안 모신다. 이유가 어떻든지 개신교에 없는 보물 세 가지가 가톨릭에는 그대로 남아있다.

개신교의 독실한 신자인 P 형은 고해성사는 한님께 직접 하면 된다고 말한다. 그러나 여기서 심각한 오류가 발생한다. 그것은 우리 죄를 대신해 십자가에서 돌아가신 예수의 존재를 무시하는 결과를 초래한다. 죄의 사함을 구하려면 반드시 그리스도를 통해야 하므로 죄인의 고해를 받는 이는 당연히 그리스도의 대리인인 사제다. 이 엄연한 사실을 필자가 그렇게 말해도 P 형은 신부도 사람인데 어떻게 사람한테 하느냐고 되묻는다.

그러나 이런 일화가 있다. 사제와 성모님이 계시면 누구에게 잘 보이겠는가? 하고 묻는다면, 성모님이라고 하면 낭패란다. 그 대답은 신부님이라고 해야 한다. 그 이유는 성모님에게는 우리의 죄를 용서하는 권한이 없고 사제에게는 있기 때문이다.

하늘나라에 들어갈 수 있는 조건은 회개와 용서다. 죄를 깨끗이 닦아내야 하늘에 올라갈 수 있다. 그러니 그리스도의 권한을 이어받은 사제가 우리에게 하늘나라의 입장권을 발부해 준다. 지금도 사제들을 통한 구속 사업이 벌어지는 것을 보면 알 수 있다. 용서는 그리스도께서 세상에 존재하신 이유다. 그리스도께서 '회개하고 복음을 믿어라.'라고 하셨으니 용서받는 일은 너무나 중요하다. 그 일이 너무 막중해 그리스도께서는 사제를 뽑아 그 권한을 대대로 이어받게 하신 것이다. 그렇기 때문에 고해성사는 우리가 용서받을 수 있는 회개다.

또한 요한복음 6, 53-56에 "내 살을 먹고 내 피를 마시는 사람은 영원한 생명을 얻고, 나도 마지막 날에 그를 다시 살릴 것이다. 내 살은 참된 양식이고 내 피는 참된 음료다. 내 살을 먹고 내 피를 마시는 사람은 내 안에 머무르고, 나도 그 사람 안에 머무른다." 그러므로 참된 양식인 성체는 우리에게 영원한 생명을 주는 매우 소중한 보물이다. 이렇게 성체와 성모 마리아 그리고 고해성사를 세 가지 구상적 보물로 삼아 자랑하는 이유는, 그저 말씀으로만 신앙생활을 하는 것보다 낫다는 생각에서다.

"네 손가락으로 내 손을 만져 보아라, 또 네 손을 내 옆구리에 넣어 보아라, 그리고 의심을 버리고 믿어라." 성체의 신비와 성모님의 전구, 회개와 보속의 고해성사는 의심하지 말아야 한다. 그런 이유로 성체와 성모님 그리고 고해성사를 불완전한 우리의 믿음을 공고히 해줄 구상적 보물로 꼽았다. 그러나 P 형에게는 이러한 보물이 없다. 단지 말씀을 듣고 읽고 기도할 뿐이다. 마치 꽃의 이야기만 듣고 읽고 말할 뿐이지, 눈으로 보고 향기를 맡거나 혹은 그 향기로 목욕 즉 고해성사도 하고 심지어 나처럼 먹어보지(영성체) 못하니 실속이 영 없어 보인다.

　그래도 P 형의 뜨거운 열정만큼은 내가 못 따라가겠다. 그러니 P 형! 나도 개신교의 열정을 본받을 테니 P형도 우리가 아끼고 거룩하게 생각하는 이 보물을 굳이 다르게 해석하지 말고 우리와 함께 향유하며 한님의 창조사업을 이어가면 어떨까?

삼위일체와 이기(理氣)

처음 교리를 배울 때 의아했던 부분이 삼위일체였다. 한님은 오직 한 분이신데 그분을 성부와 성자와 성령으로 나누었기 때문이다. 성부도 하느님이고 성자도 하느님 그리고 성령도 하느님이라면 하느님은 한 분이 아니고 세 분이나 된다. 이걸 그때는 어떻게 이해했을까? 지금 생각하면 그냥 가르치는 대로 받아들였던 것 같다. 삼위일체의 본보기가 세상에 널려 있는데도 그때는 왜 그 생각하지 못했을까?

이제 막 삼위일체를 접한 사람들의 이해를 돕기 위해 세상의 크고 작은 삼위일체를 찾아보았다. 나무는 뿌리와 줄기와 잎의 세 부분으로 구성되어 있다. 뿌리도 나무고, 줄기도 나무고, 잎도 나무지만 셋이 합쳐야 비로소 살아있는 온전한 나무가 된다. 또한, 과거와 현재와 미래도 시간이란 존재와 함께 삼위일체가 된다. 과거도 시간이고 미래도 시간이며 현재도 시간으로 모두 연결해야 영속하는 시간을 만들 수 있다.

생 성 멸 세 과정을 삼위라 하면 씨는 일체가 된다. 이 세 과정이 모두 있어야 하나의 생명이 있는 씨가 된다. 우리 민족의 삼일 사상에서도 삼위일체를「집일함삼 회삼귀일(執一含三 會三歸一)」이라 하여, 하나

231

를 잡으니 셋이 포함되고 셋이 모이니 하나로 돌아간다는 사상이 있다. 길과 진리와 생명의 셋이 그리스도로 일체가 되고, 성부와 성자와 성령의 삼위는 하느님으로 일체가 된다. 이것이 삼위일체다. 그런데 왜 삼위일체가 되어야만 하는가? 그것은 일체가 생명을 갖기 위해서는 세 과정과 부분이 꼭 필요하기 때문이다.

사랑을 하려면 생각과 말과 그리고 행동이 어우러져야 한다. 사랑은 생각만 해서는 안 되고 말만 해서도 안 되며 행동만 해서도 이루어질 수 없다. 사랑은 생각과 말과 행동이 함께 일어나야만 완전한 사랑이 된다. 이때의 생각과 말과 행동은 삼위가 되고 이 셋으로 완성된 사랑은 일체가 된다. 성부는 생각이고 성자는 말씀이고 성령은 행동으로 비교해 봄직하다.

이기론(理氣論)이 있다. 조선시대의 성리학의 내용으로 꽤 복잡하고 까다롭다. 더욱이 이기 일원론이니 이기 이원론이니 하여 배우기가 매우 어렵다. 여기의 이(理)와 기(氣)를 태풍과 사람에 비교해 보면 태풍의 눈이 理라면 주변에 몰아치는 힘은 氣가 된다. 사람의 두뇌가 理로서 생각을 만드는 것이라면 몸은 氣로서 생각을 실천한다. 뇌는 움직이지 않지만 몸을 움직이고, 몸은 생각하지는 못하지만 뇌를 갖고 있다. 이와 기는 둘이지만 하나여야 하며, 따로 떨어질 수 없고 떨어져서는 존재할 수도 없다.

필자는 또 성부와 성령을 理와 氣에 적용해 보았다. 성부는 理로서 정신인 마음에 해당하고 성령은 氣로서 움직임인 힘으로 표현할 수 있다. 성부는 마음이고 성령은 그 마음을 실행하는 힘이다. 이 두 분이 하시는 일은 다르지만 같은 한 분으로서 천지를 창조하시고 또 성자를 내시어 세상과의 연결 통로로 삼으신 것이다. 그러므로 성부와 성자와 성령의 세 분이 합쳐져야만 우리가 구원을 받을 수가 있다.

하느님의 계명도 이와 기로 나누어진다. 율법서에 가장 큰 계명은 「마음을 다하고 목숨을 다하고 뜻을 다하여 주님이신 너희 한님을 사랑하라.」라는 것이 첫째가는 계명이다. 네 이웃을 네 몸같이 사랑하라는 것은 둘째가는 계명이라 하였다. 첫째가는 계명인 하늘에 계신 하느님의 사랑은, 오직 마음과 정신만으로 할 수 있는 추상적인 이(理)의 사랑이다. 둘째가는 계명인 이웃 사랑은 세상에서 행동으로 실천하는 구체적인 기(氣)의 사랑이다. 이렇듯이 하느님의 계명도 이와 기의 두 가지 사랑으로 되어있다.

라자로의 동생 마리아와 그 언니 마르타의 이야기다. 예수님께서 그들의 집에 머무르실 때 언니 마르타는 온갖 시중을 드는 일로 분주하였으나 동생 마리아는 가만히 앉아 주님의 말씀만 듣고 있었다. "주님, 제 동생이 저 혼자 시중들게 내버려 두는데도 보고만 계십니까?" "마르타야 마르타야! 너는 많은 일을 염려하고 걱정하는구나. 그러나 필요한 것은 한 가지뿐이다. 마리아는 좋은 몫을 선택하였다." 주님의 이 말씀에 따라 마르타는 활동하는 신앙인으로, 마리아는 관상생활의 모범으로 공경을 받는다. 마리아는 첫째 계명에 충실했고 마르타는 둘째 계

233

명에 충실했다. 이처럼 성부와 성령은 理와 氣이고, 하느님의 첫째가는 계명과 둘째가는 계명 역시 이(理)와 기(氣)로 되어 있다.

운삼사(運三四)

운삼사(運三四)와 삼위일체

	집일(執一)	함삼(含三)		
삼위일체	야훼	성부	성자	성령
삼신사상	한님	하늘	땅	사람
섭 리	도(道)	시작	진행	마감
피조물	씨	태어남 – 생(生)	삶 – 성(成)	죽음 – 멸(滅)
하 루	밤	아침	점심	저녁
일 년	겨울	봄	여름	가을
주기도문	하늘에 계신 우리 아버지	아버지의 이름이 거룩히 빛나시며 아버지의 나라가 오시며	아버지의 뜻이 하늘에서와 같이 땅에서도 이루어지소서	오늘 저희에게 일용할 양식을 주시고 저희에게 잘못한 이를 저희가 용서하오니 저희 죄를 용서하시고 저희를 유혹에 빠지지 않게 하시고 악에서 구하소서
성통공완 (性通功完)	일신강충 (一神降衷)	성통광명 (性通光明)	재세이화 (在世理化)	홍익인간 (弘益人間)

세상은 시험장

아담과 이브가 선악과를 따먹은 그때부터 하느님께서는 사람에게 그 벌로 시험에 들게 하셨다. 시험은 선택의 기로에 선 사람을 고뇌하는 인간으로 만들었다. 벌거벗은 몸이 부끄러운 것을 알게 되고 하느님의 존재가 두렵다는 것도 알게 되었다. 나뭇잎으로 가릴까? 하느님을 피해 숨을까? 선악을 알게 된 창세기의 아담과 이브는 많은 고민을 했을 것이다. 하느님께서 열국의 성조가 된 아브라함을 시험해 보신다. '아브라함아! 사랑하는 네 외아들 이삭을 내게 번제물로 바쳐라.' 사랑하는 자식을 제물로 바치라는 가혹한 시험이었다.

아브라함의 손자 야곱도 위급한 상황에서 하느님에게 씨름으로 시험을 받는다. 하느님은 이 씨름에서 야곱의 엉덩이 뼈를 다치게 하셨으나 야곱은 끈질기게 하느님을 붙잡고 놓아드리지 않았다. 이 시험으로 야곱은 한 백성의 성조가 되는 복을 얻고, 이스라엘이라는 새 이름으로 하느님의 계획을 실현하는 사명을 받았다. 아브라함이 외아들을 바치는 시험과 야곱의 씨름에서 보았듯이 하느님의 시험은 고통과 보상을 겸하고 있다.

선악과를 따먹은 인간들에게 하느님은 이처럼 어려운 시험 문제를 때와 장소를 가리지 않고 던지신다. 그러므로 늘 깨어 준비하고 있어야 한다. 기름을 준비하고 신랑을 기다렸던 열 처녀 중 다섯 처녀의 슬기와 허리띠를 단단히 매고 파스카를 기다리던 사람들의 지혜로움이 그들을 시험에서 합격시켰다.

주님께서 세례자 요한이 하늘나라에서 가장 작다고 말씀하심으로써 하늘나라에는 등급과 반열이 존재한다는 것을 알 수 있다. 우리가 하늘나라에서 받을 등급은 세상에서 아버지의 시험(뜻)에 맞는 삶의 정도에 따라 결정되리라 추측한다. 그러므로 이 세상에서 더 잘 살아야 하는 이유가 여기에 있다.

하늘나라에서 가장 좋은 자리는 하느님이 정해 주시는 예수님의 옆자리다. 이를 빌미로 유추해 보면 하늘나라는 하느님께서 계시는 궁궐이 있고 성인이 거주하는 성안이 있고, 보통 사람이 배정받는 성 밖과 변방도 있을 것이다. 물론 이승을 떠난 사람 중엔 죄를 많이 진 사람은 지옥에 가기도 하겠지만, 우리가 이 세상을 믿음을 갖고 성실히 살아간다면 성인의 도시인 성안에는 들어갈 것이나, 그렇지 못하다 할지라도 연옥을 거쳐 하늘나라의 변방에서 그럭저럭 살아가지 않겠는가? 하는 것이 필자의 어리석은 생각이다.

237

기적

    사람은 누구나 기적을 보고 싶어 한다. 이 욕망은 하느님을 기억하고 있는 영혼이 하늘나라를 갈망하고 있기 때문이다. 기적을 바라는 사람들은 공상을 좋아한다. 유토피아나 무릉도원 혹은 에덴동산과 율도국 같은 곳을 꿈꾸고 홍길동이나 슈퍼맨 같은 초월적인 존재가 나타나기를 기다린다. 광활한 대지에 새겨 놓은 고대인의 초대형 그림이나 수수께끼의 조형물, 하늘에 우주선을 띄우는 인간의 행위는 그러한 기적을 찾으려는 인간의 잠재적 욕구의 산물이다. 사람들이 마술에 현혹되는 것도 목마른 그들의 영혼이 기적을 보고 싶어하기 때문이다.

    구원을 기다리는 사람들은 구세주가 전능의 힘으로 자기들을 구할 것이라 믿어왔다. 그렇지만 세상을 구하러 오신 예수님께서는 아주 낮은 곳에서 보잘것없이 나타나셨다. 사람들이 약삭빠르고 절개가 없어져 하느님께서 일부러 기적을 감추신 것이다. 성경에 바리사이파 사람들과 사도가이파 사람들이 와서 예수의 속을 떠보려고 하느님의 인정을 받았다는 표가 될 만한 기적을 보여 달라고 하자 예수님께서는 이렇게 답하셨다.

「"너희는 저녁때에는 '하늘이 붉은 것을 보고 날씨가 맑겠구나.' 하고 아침에는 '하늘이 붉고 흐린 것을 보니 오늘은 날씨가 궂겠구나.' 한다. 이렇게 하늘을 보고 날씨는 분별할 줄 알면서 왜 시대의 징조는 분별하지 못하느냐? 악하고 절개가 없는 이 세대가 기적을 요구하나 요나의 기적밖에는 따로 보여줄 것이 없다."

그러고 나서 예수께서는 그들을 뒤에 두고 떠나가셨다.」(마태오 16)

참과 거짓은 기적을 일으키는 능력을 보고 확인할 수 있기에 그 당시의 사람들은 눈에 보이는 기적을 요구하였다. 표가 될 만한 기적을 보이면 믿겠다고 하는 사람들은 정답을 보고 시험을 치르겠다는 사람들이다. 만약 예수님이 무한한 권능으로 세상을 호령하고 또 열두 제자가 천사처럼 빛났다면 누가 감히 그 말씀을 거역하겠는가? 그렇지만 하느님께서는 그러한 복종은 원하지 않으신다. 하느님께서는 인간의 지혜를 살피시기 위하여 예수님을 초라한 목수의 아들로 태어나게 하시고 가난한 사람들을 제자로 삼게 하셨다.

문명의 발달로 생활이 풍족한 현대인들은 돈과 향락에 눈이 멀어 스스로 믿음을 저버렸기에 주님께서는 요나의 기적도 보여주지 않으신다. 예수님의 시대에는 기적을 요구하는 사람들도 있었으나 현대인들은 그 기적마저 요구하지 않아 하느님께서는 침묵으로 일관하고 계신다. 오직 침묵 속에 차오르는 진노의 잔을 누르고 계실 뿐이다.

욥의 노래

주님!

저는 천 길 나락에 떨어진 천덕꾸러기가 되었습니다. 이제 저는 아무도 없는 이곳에 홀로 서 있습니다. 사방은 어둡고 추우나 저를 구렁에서 구해주는 사람이 없고 제 피붙이마저 서로 돌볼 수 없게 되었습니다.

무엇 때문입니까?

저는 언제나 주님을 섬기고 열심히 살아왔습니다. 주님께서 정하신 대로만 행하고 거기에 맞추어 살았습니다. 주님을 사랑하고 이웃을 사랑하며 살아왔습니다. 주님이 원하지 않는 방향은 쳐다보지도 않았습니다.

그러나 주님!

무엇을 잘못하여 이런 고통을 주십니까?

왜 다정한 이웃이 멀어지고 친구가 등을 돌리며, 저의 모든 것을 남의 수중에 넘기셨습니까? 이제 이 세상에서는 제 말을 들어주는 사람이 없고 믿어주는 사람도 없습니다. 천덕꾸러기가 된 제 말은 공허한 메아리가 되어 돌아옵니다. 제가 목숨 바쳐 사랑했던 가족까지도 모두 떠났습니다.

주님께서는 "내가 세상에 평화를 주러 온 줄로 생각하지 말아라. 평화가 아니라 칼을 주러 왔다."라고 말씀하셨습니다. (마태 10-34)

주님!
주님께서 제게 칼을 주신 것입니까?

야곱을 불구로 만드신 주님께서 저를 칼로 내리치셨습니다.
제 입을 쳐서 말을 못 하게 하시고 제 몸을 내리치시어 불구로 만드셨습니다. 가족을 내리치시어 뿔뿔이 흩어지게 하시고 서로 돌볼 수 없게 하셨습니다. 또한 제 이웃과 친구를 치시어 모두 멀어지게 하셨습니다. 주님께서 저의 모든 것을 야멸차게 칼로 내리치셨습니다.

또한 주님!
주님께서 제게 불을 지르신 것입니까?

야곱에게 복을 내리신 주님께서 저를 불로 태우셨습니다.
제가 일궈오던 땅을 불로 태우시고 희망도 불태워 버리셨습니다. 주님께서는 제 삶을 맹렬한 불구덩이 속에 집어넣으셨습니다. 뜨거운 불속에서 제 모든 것이 소멸하였습니다. 이제 보이는 것은 주님과 남은 것은 제 어깨 위의 십자가뿐입니다.

주님! 제가 갈 길을 인도해 주소서.

주님께서는 야곱의 엉덩이 뼈를 내리쳐 에사오의 난관을 극복하게 하시고, 한 백성의 성조가 되게 하신 것처럼, 지금 이 고통으로 제 숙명을 받아들이고 사명을 완수하는 채찍이 되게 하소서.

주님께서는 저를 누구보다 사랑하시고 특별히 선택하시어 칼로 치시고 불로 태우셨으니, 이 고통이 끝나는 그날에는 주님께서 제게 승리의 월계관을 씌워 주소서.

신명 나는 삶

　세상에서 우리 민족만큼 잘 노는 나라는 없다. 우리 배달민족의 노래는 소리와 가락이 오묘해서 사람의 심금을 울리고 넋을 뺏는다. 잔잔한 호수에 달빛 흐르듯 구성진 가락은 애간장을 녹이고 신명 나는 휘모리 장단은 어깨를 들썩이게 한다. 배달민족의 무용은 둥근 원을 그리는 춤사위로 매우 아름답고 고혹하다. 보름달을 이고 돌아가는 여인들의 강강술래는 화합의 한 마당을 표현하는 대표적인 춤이다. 이 춤은 우리 겨레가 평화를 사랑하는 한님의 민족임을 여실히 보여준다.

　흥과 멋 그리고 맛의 진수가 넘치는 우리의 가무는, 그것을 이어 오는 예인들의 열정과 사명이 빚어낸 한민족의 훌륭한 예술 문화다. 평화를 사랑하는 우리의 풍류 문화는 국제화 시대에 발맞춰 세계로 뻗어나간 한류의 원동력이 되었다. 이 놀이의 기원은 배달민족의 상고시대 때 하늘에 제사를 지내는 부족국가의 제천의식에서 비롯된다. 고구려의 동맹, 부여의 영고, 동예의 무천, 삼한의 5월제, 10월제 등에서 볼 수 있는 이 제천의식은 일종의 추수 감사제다.

　이 의식은 지금의 추석인 팔월 한가위다. 이때 백성들은 며칠씩 술을 마시고 노래하고 춤을 추며 즐기는데, 이는 인간의 춤과 노래가 신을 기쁘게 하는 행위이기 때문이다. 음주 가무는 세계에서 우리나라에만 있는 독특한 제천의식(祭天儀式)이며 놀이 문화다. 이 제천 행사 때에는 신나게 놀아야 한다. '신'나게의 말뜻은 신(神)이 나오게 한다는 뜻이다. 신난다의 신은 일신강충의 신이고, 신명(神明) 난다는 것은 신의 밝은 기운으로 나쁜 것을 정화하여 축복과 평화를 구하는 것이라고 필자는 생각한다. 신나는 것은 나 자신에게만 국한되는 것이지만, 신명 난다는 것은 나의 신명이 다른 사람까지 비추어 액운과 악을 몰아내고 평화를 구축한다는 뜻이다.

신나고 신명 나게 노는 것은 기쁘고 즐거운 일이다. 기쁜 것은 신을 만나기 때문이고 즐겁다는 것은 신과 함께 놀기 때문이다. 따라서 음주 가무의 신명 나는 놀이는 제천의식의 가장 핵심이 되는 행사라고 생각된다. 한 걸음 더 나아가 일상생활에서도 아주 신명 나게 놀아야 한다. 그래야 아버지 한님과 자주 만나서 가까워지고, 또 그분을 기쁘게 해 드리기 때문이다. 재롱은 부모의 마음을 즐겁게 하는 자식의 놀이다.

이 세상의 모든 아버지가 자식들을 바라볼 때 과연 어떤 모습을 제일 보고 싶어 하실까? 아마도 자식들이 서로 사랑하고 화목하게 지내는 것을 제일 보고 싶어 하실 거다. 그렇다면 이것을 지키기 위해서는 형제들끼리 모여 즐거운 시간을 가져야 한다. 따로 떨어져 사랑을 나누지 못하게 되면 화목하지도 않고 무관심해져 나중에는 가정의 평화마저 위태롭게 된다. 아버지께 자식들이 자주 만나 잘 노는 모습을 보여 드려야 효도하는 것이다.

 필자는 가족이 별로 없어 잘 놀지를 못했다. 그것은 조부님이 어린 나에게 '우리 가문은 놀 줄 모르고 노래도 못한다.'라고 자주 말씀하시어 어린 나의 기를 눌러 놓으셨다. 그로 인해 기고만장했던 어린 시절은 사라지고 남 앞에 서면 아무것도 하지 못하는 숙맥이 되었다. 어쩌면 그것이 필자의 성품에 교만을 거둬내고 숙고에 숙고를 거듭하는 사려를 낳지 않았나 싶다. 바보 같은 나의 삶은 세속의 물정 따라 사는 운명이 되고, 숙고를 거듭해 이 글을 쓰는 나의 운명은 하늘이 내리신 숙명이 아니겠는가?

 하느님께서 내게 숙제를 주셨기 때문에 잘 놀지도 못했다. 어설프지만 여기서 내 글은 이만 끝내고 운명을 개척하러 나가야겠다. '신'나게 살아서 아버지를 만나고 신명을 내어 내 주변을 밝히고 싶다. 그러기 위해서는 신명 나게 놀아야겠는데….

 공자가 말하길 "아는 사람은 좋아하는 사람과 같지 않고, 좋아하는 사람은 즐기는 사람과 같지 않다.(子曰 知之者 不如好之者 好之者 不如樂之者)"라고 하지 않았는가? 그러므로 나는 삶을 알기만 하는 것보다 좋아하고, 좋아하는 것보다 즐기려 한다. 그래야 고생스러운 삶도 또 아주 작은 일에도 행복할 수 있다.

꿀팁 – 명상기도에 도전하기

사람들은 육신의 건강을 위해서 보약과 건강식을 챙겨 먹고 운동도 열심히 한다. 그러나 정신 건강을 위한 섭생은 꿈에도 생각하지 않는다. 한마디로 건강한 정신에 대한 관념이 별로 없다. 그 결과 사람의 수명은 100세까지 늘려 놓았지만, 정신은 육신을 따라가지 못하고 빠르면 6~70대에 치매에 걸려 정신적인 삶을 마감하는 경우가 많다.

최근 치매 환자가 급증하여 현대 사회의 관심사로 떠올랐다. 화투를 치거나 머리를 많이 쓰면 치매를 예방한다고 하지만, 필자는 그것보다 기도를 통해 정신을 맑고 두뇌를 건강하게 관리하는 것이 최고의 예방법이라고 생각한다. 특히 명상 기도는 정신 건강에 탁월한 효과가 있을 것이다. 기도는 일반적인 기도 외에 묵상 명상 관상의 기도가 있다. 하지만 우리는 이와 같은 기도에 별로 관심이 없다. 왜냐하면 교회에서 그런 심도 있는 기도를 따로 가르치지 않아 아예 거들떠보지도 않았기 때문이다.

마르타의 동생 마리아가 관상 기도의 모범이라고 하지만, 실제로 내게는 관상 기도에 접할 기회가 없었다. 그래서 자기 존재의 중심에서

246   제7장 단상

하느님을 바라보고 직관적으로 인식하고 사랑하는 관상기도는 항상 그림의 떡이고 늘 남이 하는 기도였다. '무지의 구름' '사랑의 탐색'은 관상기도에 대한 책이다. 번역본이라 그런지 이해하기가 무척 힘들다. 그렇게 관상 기도는 우리의 접근을 어렵게 한다. 무지의 구름에서는 관상기도에 실없는 사람의 섣부른 접근을 경계하고 그렇지 않은 사람도 충분한 시간을 갖고 책을 철저히 소화시켜야 한다는 점도 당부하였다.

그래서 관상 기도를 함부로 대할 수가 없어서 필자는 관상기도는 참고로 하고, 정신 건강과 심도 있는 기도에 관심이 있는 독자에게 명상기도를 권한다. 명상은 관상기도보다 비교적 자유로울 것 같다. 내 안에는 세속적인 '나'와 거룩한 '참 나'의 두 인격체가 있는데, '참 나'는 내 안에 숨겨진 큰 나(大我)이며 진아(眞我)이기도 하다. 지금의 내가, 이 거룩한 '참 나'가 되어야, 비로소 주님을 조금이나마 느껴볼 수가 있을 것이다.

나는 20여 년 전에 아주 특별한 경험을 하였다. 그것은 내 안에 존재하는 또 다른 '참 나'가 우연히 표출되어, 천상천하 유아독존의 자부심과 왠지 모를 자신감에 충만한 적이 있었다. 그때 나 자신도 느꼈지만 다른 사람도 뭔지 모르게 달라진 내 카리스마를 보고 많이 의아해하였다. 무엇보다도 자신감이 솟구쳤다. 움츠렸던 기백이 용기백배하여 하늘을 향해 가슴을 활짝 열었다. 그때는 마치 날아가는 새를 향해 손을 뻗으면 잡을 듯한 기분이었다. 세상은 나를 위해 있었고, 모든 상서로운 것들이 나를 휘감은 것 같았다. 그때를 상기하면서 나는, 내 안에 존재하는 멋지고 거룩한 존재를 찾기로 하였다.

정신일도 하사불성(精神一到 何事不成)이란 말이 있다. 이는 정신을 한 곳에 모으면 무슨 일이든 이룰 수 있다는 장자의 고사성어다. 장자의 정신일도 방법은 오로지 인간의 힘으로 이루어야 하지만, 명상 기도는 그리스도교 신자가 하면 성령의 도움을 받을 수 있다. 비록 주님을 뵙는 기적은 만에 하나보다도 더 어렵겠지만, 단지 명상 기도를 함으로써 우리는 주님을 만나는 가능성은 열어 두고, 명상 기도에서 얻는 평화와 건강한 정신은 별도의 선물이 될 것이다.

명상 기도는 내 안의 무의식 혹은 무지의 세계를 여행하는 침묵의 기도이므로 외부로부터 방해를 받지 말아야 한다. 조용한 곳에서 편안한 의자에 앉아, 아무런 생각 없이, 기도를 통해, 깊은 무의식 세계에 빠지는 것이다. 명상에 앞서 세상의 일은 잠시 접어 두고 긍정적인 사고방식으로 임해야 한다.

무지의 세계에 들어가려면 망상의 바다를 건너야 하는데, 그곳에는 기쁨 슬픔 사랑 희망 분노 등의 우리가 살면서 얽히고설켰던 기억과 상상이 파도가 되고 폭풍이 되고 또 소용돌이가 되어 나의 명상을 끊임없이 방해할 것이다. 그렇기 때문에 이 방해꾼을 몰아낼 '무엇인가'가 필요하다. 그 '무엇인가'가 기도다. 그러나 일반적인 기도는 명상 기도에 적합하지 않다. 기도는 시시각각으로 들이닥치는 상념을 쫓기 위해 간단하고 간편해야 좋다. 될 수 있는 대로 짧게, 한 단어 한 글자의 기도로 계속해서 반복하는 것이 명상 기도의 핵심이다.

한 글자의 기도는 기도문이기보다는 그냥 조용한 기합이라고 보면 된다. 그 기합은 상념을 쫓아내고 나를 무의식 세계로 안내하는 주문(?)으로 불가에서는 이를 만트라 혹은 진언(眞言)이라고 한다. 이 진언은 간단할수록 좋고 아무 의미가 없어도 무방하다. 자기가 만든 간단한 단어나 한 글자를 진언으로 삼는다.

예를 들어 '아멘'이라고 하자. 편하게 앉아 눈을 감고 아멘을 반복하는 것이다. 그러면 머잖아 최면에 빠지고 무지의 세계에 들어가게 된다. 그러나 그 최면은 수면이 아니고 본인이 의식할 수가 있어야 한다. 그렇지만 피곤한 상태에서 너무 편안하면 깊은 잠에 빠질 때가 종종 있다. 또 세속의 일 때문에 정신이 산란하여 마음을 집중하지 못할 때도 있고, 기도에 별 흥미나 느낌이 없거나 효과가 없을 것이라는 부정적인 생각이 들 때도 있을 것이다. 이러한 요소는 내가 더 좋은 상태에 들어가는 것을 시샘하는 사탄의 심술이라고 가볍게 치부하고 '아멘' 소리와 함께 날려 버리면 된다.

명상 기도의 순서는 다음과 같다.

1) 조용한 골방에서 편안한 팔걸이 의자에 앉는다.
2) 시계를 원하는 시간, 대략 25분 뒤에 맞추어 기도가 끝남을 알리게 한다.

3) 명상에 앞서 눈을 감고 성령의 도우심을 청하는 기도를 잠깐 한다.

4) 3분 정도 온몸을 이완시키고 팔 다리가 힘이 쭉 빠진 상태를 의식한다.

5) 20분 정도를 본인이 만든 한 단어, 한 글자의 기도(진언)를 읊으며 명상에 잠긴다.

6) 명상이 끝나면 진언을 멈추고 2분 정도 눈 감은 상태에서 머물러 있는다.

7) 호흡을 크게 하고 영광송으로 끝낸다.

4) 번을 세부적으로 설명하면, 맨 먼저 온몸에 긴장을 풀고 아주 편안한 상태에서 나만의 진언을 읊는다. 이 상태로 대략 20분 정도를 유지해 나간다. 이른 시간 안에 무지의 세계로 들어가는 사람도 있지만, 대부분은 그렇지 않다. 정신이 한 곳으로 집중돼 무지의 세계로 들어가면 심신이 이완되고 무념의 상태에 빠지게 된다. 이때 외부로부터 들려오는 작은 소리나 기척에도 깜짝깜짝 놀라게 되는데, 이 증세는 심신이 깊은 휴식에 들어간 상태로, 육신의 피로가 풀리고 정신에 쌓였던 스트레스가 해소되는 현상이다. 이렇게 함으로써 정신이 건강해진다.

명상 기도로 심신을 다스리면 좀 더 깊은 무지의 세계로 들어가게 된다. 그러나 처음 시작하고 얼마 되지 않아 '참 나'를 만나기는 쉽지 않다. 많은 수련과 과정을 거쳐야 '참 나'도 만나고 세속적인 내가 '참 나'가 되어 주님의 향기를 조금이나마 맡아볼 수 있을 것이다. '참 나'는 어느 순간에 불현듯이 찾아오는 경우도 있다. 아주 위험한 순간에 엄청난

위력을 펼치며 그 순간을 모면해 주기도 하고, 모성애를 자극하여 위험으로부터 자식을 구하는 괴력을 주기도 한다. 이렇듯 참 나는 얇은 꺼풀 한 장 너머에 있는 나이기도 하다.

그러니 단시간 내에 뜻을 이루려 하지 말고 꾸준하게 명상 기도를 수련해야 한다. 목표 달성도 중요하지만 주님께서는 과정을 더 살펴보신다. 비록 뜻을 이루지 못한다고 할지언정 과정만큼은 바르고 성실해야 한다. 일을 꾸미는 것은 사람이지만, 뜻을 이루는 것은 주님께 달려있다. 필자의 부족한 설명이지만 명상 기도를 대략 정리했으니 여러분도 한번 도전해 보라는 뜻으로 이 글을 올린다. 뜻있는 독자는 관계되는 정보를 찾아보고 기회가 되면 함께 의논하고 경험을 나누며 같이 명상하는 시간을 가졌으면 좋겠다. 이러한 명상 기도 혹은 관상기도의 모임이 각 본당에 설립되기를 또한 희망한다.

꿀팁 - 공덕을 쌓는 묵주기도

묵주기도는 예수님 구원의 역사를 환희 빛 고통 영광의 신비로 나누고, 각 신비에 5단의 업적을 담아 총 20단으로 구성되었다. 이미 2천 년의 세월이 흐른 지금 우리는 예수님과 동행할 수는 없지만, 묵주기도의 묵상으로 예수님의 위업을 순례할 수는 있다. 사람이 사람을 그리워하는 것은 물론이거니와 생각하고 기억해 주는 것만으로도 사랑이 된다. 그렇게 본다면 묵주기도는 성모님이 마련해 주신 예수님과 우리가 사랑을 나누는 자리가 되며, 묵상은 그리스도와 우리의 사랑을 이어 주는 통로가 된다.

성모송을 열 번씩 바치는 묵주기도는 같은 말을 반복하면서 생각을 단순하게 하는 효과가 있어 때로는 관상 기도처럼 탈혼의 상태에 도달할 수 있다고 한다. 그런데 예수님을 만나는 뜻깊은 자리에 어김없이 분심이란 놈이 찾아와 만남을 방해할 때가 많다. 그럴 때는 성모님께서 부족한 것을 채워주시지만, 기왕에 하는 기도를 어떻게 하면 기쁘고 즐거운 기도로 만들 수 있을까? 생각해 본다.

"나는 문이다. 누구든지 나를 통하여 들어오면 구원을 받고, 또 드나

들며 풀밭을 찾아 얻을 것이다." (요한복음 10.9) 그리스도께서 당신을 문이라 하셨다. 이 문으로 들어와야 구원을 받는다고 하셨는데, 어떻게 하면 예수님의 문을 잘 통과할 수 있을까? 여기에 생각이 머물고 또 구하다 보니 천부경의 한 구절이 생각이 났다.

천부경(교화경 천궁훈 제1절)을 보면 '한님의 나라에는 천궁이 있어 온갖 착함으로 섬돌을 하고 온갖 덕으로 문을 삼았느니라.(天 神國 有天宮 階萬善 門萬德)'라는 구절이 있다.

내가 행한 온갖 선이 하늘나라 왕궁의 계단이 되고, 내가 쌓은 온갖 덕이 하늘나라 왕궁의 문이 된다는 뜻이다. 이 천궁의 문은 우리가 쌓는 덕으로 만들어진다. 이 덕목은 주로 '9일 기도'에 나오는 스무 가지 덕목일 것이다. 덕은 올바르게 이해를 해야 실행할 수 있다. 덕의 사전적 의미는 도덕적 윤리적 이상 실현을 위한 사려 깊고 인간적인 성품이라고 한다. 그러면 또 도덕과 윤리의 이상은 무엇인가? 이 추상적 개념을 실현하는 인간의 성품을 덕이라고 한다. 설명이 어렵다. 그냥 쉽게 말해서 인간의 좋은 성품과 후한 행위를 덕이라 하자.

후하다는 것은 야박하지 않음이다. 이 후한 덕, 즉 사랑 친절 자비 관용 선업과 같이 남에게 베푸는 행위와 겸손 절제 온유 청빈 인내 용기와 같이 내가 지닌 좋은 성품을 덕이라고 한다. 이 후덕을 만 번이나 쌓아야 천궁의 문을 통과할 수 있다니 참 어려울 것 같다. 그러나 만약 묵주기도로 만 번의 덕을 쌓을 수가 있다면? 그래서 묵주기도에 '9일 기도'의 덕목을 뽑아 접목시켜 보았다. 이 기도를 다른 이와 공유하려는 것이 교회법에 저촉되는지는 모르겠지만 이에 대한 판단은 알아서 하고, 만약 그렇다면 이 기도는 그냥 필자 스스로 덕스러운 삶을 지향하는 기도이겠거니 생각하자.

「그러므로 내 말을 잘 들어 두어라. 너희가 기도하며 구하는 것이
무엇이든 그것을 이미 받았다고 믿기만 하면 그대로 다 될 것이다.」
(마르코복음 11.24)

이 기도는 내가 믿어서 받게 된, 내 삶의 공덕(功德)을 성모님께 다시 봉헌하는 묵주기도다. 내 덕스러운 삶을 어머니께 봉헌하면, 이 봉헌물을 필요로 하는 연옥 영혼에게 돌리시어 요긴하게 쓰실 것이고, 훗날 내 영혼이 연옥에서 목말라 할 때 성모님께서는 더 많은 공덕을 보태어 나에게 되돌려 주실 것이다.

자, 그럼 어떤 방식으로 하는가? 환희의 신비 1단을 예로 들면, "마리아께서 예수님을 잉태하심을 묵상합시다."에 이어 주님의 기도, 성모송 10회, 영광송과 구원의 기도를 한 다음, "저는 빈나이다. 주님께 받은 겸손한 삶을 어머니께 봉헌하나이다."를 덧붙이고 제2단으로 넘어간다. 이런 식으로 하면 기도가 더 맛있게 된다.

아래는 묵주기도에 추가한 예수님을 닮을 수 있는 스무 가지 덕목이다. 이것을 매 단이 끝날 때 하나씩 붙여서 하면 된다.

환희의 신비

제1단) 저는 믿나이다. 주님께 받은 **겸손**의 삶을 어머니께 봉헌하나이다.

제2단) 저는 믿나이다. 주님께 받은 **사랑**의 삶을 어머니께 봉헌하나이다.

제3단) 저는 믿나이다. 주님께 받은 **청빈**의 삶을 어머니께 봉헌하나이다.

제4단) 저는 믿나이다. 주님께 받은 **정결**의 삶을 어머니께 봉헌하나이다.

제5단) 저는 믿나이다. 주님께 받은 **순명**의 삶을 어머니께 봉헌하나이다.

빛의 신비

제1단) 저는 믿나이다. 주님께 받은 **절제**의 삶을 어머니께 봉헌하나이다.

제2단) 저는 믿나이다. 주님께 받은 **믿음**의 삶을 어머니께 봉헌하나이다.

제3단) 저는 믿나이다. 주님께 받은 **성실**의 삶을 어머니께 봉헌하나이다.

제4단) 저는 믿나이다. 주님께 받은 **인내**의 삶을 어머니께 봉헌하나이다.

제5단) 저는 믿나이다. 주님께 받은 **섬김**의 삶을 어머니께 봉헌하나이다.

고통의 신비

제1단) 저는 믿나이다. 주님께 받은 **의탁**의 삶을 어머니께 봉헌하나이다.

제2단) 저는 믿나이다. 주님께 받은 **극기**의 삶을 어머니께 봉헌하나이다.

제3단) 저는 믿나이다. 주님께 받은 **온유**의 삶을 어머니께 봉헌하나이다.

제4단) 저는 믿나이다. 주님께 받은 **희생**의 삶을 어머니께 봉헌하나이다.

제5단) 저는 믿나이다. 주님께 받은 **관용**의 삶을 어머니께 봉헌하나이다.

영광의 신비

제1단) 저는 믿나이다. 주님께 받은 **부활을 확신**하는 삶을 어머니께 봉헌하나이다.

제2단) 저는 믿나이다. 주님께 받은 **영생을 소망**하는 삶을 어머니께 봉헌하나이다.

제3단) 저는 믿나이다. 주님께 받은 **복음을 전파**하는 삶을 어머니께 봉헌하나이다.

제4단) 저는 믿나이다. 주님께 받은 **성 가정에 일치**하는 삶을 어머니께 봉헌하나이다.

제5단) 저는 믿나이다. 주님께 받은 **평화를 위해 기도**하는 삶을 어머니께 봉헌하나이다.

믿음(信)이란 사람(人)과 말(言)이 합쳐진 글자다. 여러 실험을 통해서 확인되었듯이 사람의 말은 살아있고 힘이 들어 있어, 한마디 말로 사물을 나쁘게도 하고 좋게도 한다. 그러므로 절대자이신 하느님께 올리는 기도야말로 일상의 말보다도 더 큰 힘과 권위를 지니고 있기 때문에 우리가 원하는 것을 그대로 이루어지게 한다.

하느님께서 지으신 사람의 성품 안에는 덕성(德性)이 들어 있다. 그러나 바쁘고 힘든 삶이 종종 이 덕성을 짓눌러 밖으로 잘 드러나지 않게 한다. 하지만 숨은 덕이라 할지라도 나의 의지에 따라 기도로 일으키고 행동으로 옮겨서 어둠 속에 빛이 되게 할 수 있다. 다시 말하지만 9일 기도를 축약한 이 기도는 예수님의 고귀한 성덕을 나의 공덕으로 만들고, 나의 덕스러운 삶을 어머니께 봉헌하는 필자만의 기도다.

믿음으로써 주님의 성덕을 본받아 내가 빛이 되고, 이 공덕을 다시 어머니께 봉헌하니 묵주 기도가 어찌 즐겁고 행복하지 않겠는가? 그러나 덕은 기도로 꽃 피우는 것만으로 만족해서는 안 되며 모든 삶 안에서 그 열매도 맺어야 한다. 덕스러운 행동은 남이 보기 때문에 하는 것이 아니다. 저절로 몸과 마음에서 우러나오는 덕스러움이 우리의 삶을 빛나게 하는 열매이므로 기도와 행위로 습관이 될 때까지 꾸준히 실천함도 매우 중요하다.

> "너희의 빛이 사람들 앞을 비추어, 그들이 너희의 착한 행실을 보고 너희 아버지를 찬양하게 하여라."
>
> (마태오복음 5. 16)

정치

정치 서설

나는 담소하는 것을 좋아한다. 담소는 타인과 평화를 나누는 일이고 건강에도 아주 유익하다. 그러나 지금은 팬데믹과 북핵, 경제 폭락과 실업 대란 속에 표현의 자유마저 억압받는 누란지위의 정치적 상황과, 극심한 좌우 대립으로 인해 담소는커녕 대화가 끊어지는 사태가 종종 발생한다.

평화와 일치를 논하는 이 책에서 이른바 뜨거운 감자인 정치를 논하기는 매우 부적절하지만, 종교와 정치는 한 태에서 나온 일란성 쌍둥이기 때문에 정치를 언급하지 않고 돌아가는 길을 매듭짓기란 마치 꽁지 빠진 수탉과 같아 부록으로 첨가한다.

21세기 초 대한민국에는 자유와 언론을 탄압하는 공산주의 사상에 입각한 정부가 들어섰다. 이 정부는 이북의 '낮은 단계의 연방제 통일'에 동조하는 친북좌파 정권으로서, 이들이 강행하는 공산주의적 패도 정치가 인간의 '돌아가는 길'과 무관하지 않음을 다음의 인용문으로 설명하고 나의 정치 부록을 정당화하겠다.

「금세기에는 성령과 함께 성모님의 활동과 도움이 크게 역사하신

때였습니다. 지난 시간을 돌이켜 보면, 1854년 12월 8일 교황 비오 9세에 의해 선포된 원죄 없이 잉태되신 성모님의 루르드 발현과 기적으로 더욱 확고하게 되었습니다. 파티마의 어린 세 목동에게 나타나신 성모님께서는 당신의 티 없으신 성심의 세계를 봉헌하고 묵주기도를 열심히 하면, 공산주의가 멸망될 것이라고 말씀하셨습니다. 그리고 전 세계에서 성모님의 부르심에 응답한 이들의 묵주기도로 철옹성 같았던 소련의 공산주의가 무너졌습니다.」출처 - 천상의 정치(파티마의 춤추는 태양)

패도(覇道) 정치란 공정을 저버리고 거짓과 선동 등의 권모술수와 무력으로 나라를 다스리며 개인의 공명과 이익을 탐내는 정치로서 사사로운 욕망에 사로잡힌 나쁜 정치를 일컫는다. 또한 2020년에 돌아본 대한민국의 천주교는 정의구현 사제단의 도에 넘치는 종북 좌파 활동으로 교회를 등진 신자들이 많이 생겨났다. 절이 싫으면 중이 떠나는 게 당연하지만, 해방신학파 사제들의 좌파성향의 강론 때문에 신자들이 분노하며 하나 둘 교회를 떠나가는 어처구니없는 일이 벌어졌다.

사제의 이 좌우의 흑백 논리에 대한 시시비비를 가려야 하는데, 지금 나의 심정은 나침반 없이 망망대해에 떠 있는 느낌이다. 정치가 워낙 복잡한 생물이고, 또 나와 사상이 다른 사람의 감정까지 고려해서 따져 보려니 어디서부터 어떻게 짚어야 할지 모르겠다. 그러나 뜻있는 곳에 길이 있다고 그분께서 길을 보여주셨다. 아무리 변화무쌍한 정치라 할지라도 그 근본은 변하지 않으니 일단 정의(定義)부터 내리고 시작하라 하신다. 그래서 정치학 사전을 참고하고 다음과 같이 정의하고 시작한다.

정치는 사회의 모든 분야를 간섭하고 지시할 수 있는 막강한 권력을 행사한다. 무소불위의 권력이기에 정치학 대사전에서는 정치를, "권력의 획득과 유지를 둘러싼 항쟁 및 권력을 행사하는 활동"이라고 정의하고 있다. 또 어학사전에는 "통치자나 정치가가 사회 구성원들의 다양한 이해관계를 조정하거나 통제하고 국가의 정책과 목적을 실현하는 일"이라고 기재하고 있다.

그러나 나는 『정치는 인간사회를 이끌어가는 최상위 직무로서 나라를 구성한 각 분야의 다양한 이해관계를 조정하고 정책을 세워 홍익인간 이념의 실현과 자유로운 사회 질서를 유지하고 외세로부터 국민을 보호하며 평화를 지키는 역할을 한다.』고 정의한다.

아버지 한님의 뜻인 '홍익인간'을 반영한 필자의 정의와 달리, 사전적 정의는 '권력의 획득과 유지를 둘러싼 항쟁'에 초점을 맞추고 있다. 이렇게 궤를 달리한 정치 정의가 인간의 삶에 가장 중요한 홍익인간의 이념을 배제하였다. 배금주의 시대에 걸맞게 잘살게 해 준다는 정치는 종교와 같은 신앙이 되었다. 종교가 하늘나라의 신앙이라면 정치는 지상의 신앙이라 할 수 있다.

이런 믿음이기에 유권자는 자기의 실리에 맞는 사상과 주의에 따라 정당을 선택하고 전폭적으로 지지하게 된다. 그러다 정치적 사상이 다르면 부모와 자식, 형과 아우, 스승과 제자 그리고 친구 간에도, 심지어 부부간일지라도 서로 싸우게 된다. 이러한 패륜과 갈등의 원인은, 정치인이 사상과 주장을 달리하는 상대방을 적으로 규정하고, 상대의 정책을 다름이 아닌 틀림으로 선동하기 때문이다.

 사람들은 서로 가치관과 이념이 다르면 곧잘 논쟁을 벌이곤 한다. 지지하는 당과 사상이 다른 사람과 정치를 논할 때 매우 격분하게 되는 것도, 그가 본인이 지지하는 지도자와 정책을 사사건건 비난하며 자기의 신념을 꺾기 때문이다. 이러한 정치 논쟁은 결론이 나지 않을뿐더러 개개인의 좋은 감정까지 손상시킨다. 여기 부록에서는 좌우 진영 속에 웅크리고 있는 패도 정치인에게 우리의 소중한 주권이 침해되고 있음을 알리고, 특히 공산당 세습 독재자 김정일을 예수로 모신다는 천주교 주교와 종북좌파 정치 세력의 주구가 된 정의구현 사제단의 위선을 애석한 마음으로 토로하고자 한다.

정치의 발생

정치가 우리나라에 최초로 등장한 것은 신시 시대(BC3698년)의 한웅 천황 때다. 한님의 서 아들(庶子) 한웅으로부터 시작된 정치는 종교와 더불어 홍익인간의 이념을 구현하기 위해 백성을 다스리는 행위에서 비롯되었다.

천자 한웅은 백성에게 천부경과 삼일신고를 조술하여 한님의 신앙을 세우고, 의술을 펼쳐 백성을 병고에서 구해 주었다. 또한 책력을 제정하여 농업을 일으키고 도량형을 실시하였으며 천문과 지리 수리 예절 등을 가르쳐 문명을 이루고 홍익인간(弘益人間)으로 백성을 이끌었다. 원동중이 쓰고 임승국님이 번역한 한단고기의 삼성기 전 하편을 살펴보자.

「한웅이 3,000의 무리를 이끌고 태백산 꼭대기의 신단수 밑에 내려오시니 이곳을 신시라 하고 이분을 한웅천황이라 한다. 풍백 우사 운사를 데리고 곡식을 주관하고 생명을 주관하고 형벌을 주관하며, 병을 주관하고 선악을 주관하며, 무릇 인간의 360여 가지 일을 모두 주관하여 세상을 교화하였으니 널리 인간 세상에 유익함이 있었다. <중략> 한웅천왕께서 처음으로 몸소 하늘에 제사 지내고 백성을 낳아 교화를 베풀고 천부경을 강(講)하시고 삼일신고를 연(演)하여 크게 군중을 가르치시니 무리가 잘 따르게 되었다.」

여기에서 천자 한웅이 하늘에 제사를 지내고 천부경과 삼일신고로 백성을 교화한 것은 최초의 종교가 되고, 하늘의 문물로 사람을 이롭게 다스린 것은 최초의 정치가 되었다. 그리고 하늘의 문물인 천문, 수리, 지리, 의술, 농업, 축산, 예절, 문자 등을 제정하고 가르친 것은 학문이 되었고, 여러 학문에 종사하는 일은 직업이 되었다고 필자는 종교와 정치 그리고 학문과 직업의 발생을 추정하였다.

삼일신관의 재세이화(在世理化)는 천자 〈한웅〉의 역할이며 태어난 목적이다. 재세이화는 하늘의 뜻을 열고 가르침을 세워 세상에 있으면서 잘 다스려 만세의 자손들에게 큰 모범을 보인, 홍익인간의 이념을 실천한 제정일치 시대의 정치다. (開天立教在世理化 爲萬世子孫之洪範也)

제정 일치

　제정 일치는 하늘에 제를 올리는 제사장의 역할과 나라를 다스리는 왕의 역할을 한 사람이 겸비한 것을 말한다. 기원전 3898년 신시(神市)를 개척한 한웅이 최초로 행한 제정일치의 통치는 고조선까지 이어왔다.

　한웅은 홍익인간의 이념으로 하늘에 몸소 제사를 지내고 하늘의 문물로 세상을 잘 다스렸다. 한웅이 개척한 신시를 배달국이라 하며 마지막 한웅은 18대 거불단(단웅)이다. 한웅이 세운 배달국은 제정일치의 부족 국가였다.

　기원전 2333년에 한민족 최초의 국가인 고조선을 세운 단군도 제정일치의 임금이었다. 단군왕검은 제사장과 국왕을 합친 이름이다. 단군(檀君)은 하늘에 제를 올리고 하늘의 뜻을 대변하는 제사장의 뜻이고, 왕검(王儉)은 정치적 지배자인 국왕을 의미하므로 단군왕검은 제천과 정사를 함께 주관한 시조(始祖) 통치자다.

　성경의 창세기 6장에 하느님 아들들과 거인족 느빌림도 제천과 정사를 함께 주관한 사람들이라고 볼 수 있다. 성경에 하느님의 아들들은 한웅 중의 한 사람이고, 거인족 느빌림은 단군과 동일한 존재들이며 이들 모두 제천과 정사를 통괄한 제정일치의 통치자로 추론할 수 있다. 배달민족의 한웅과 단군처럼, 이스라엘 민족의 하느님 아들들과 느빌림은 하늘의 문물로 인류문명을 세워준 신계에 속한 임금들이었다. 그들이 남긴 고대 문명의 불가사의한 건축물과 구조물은 지금도 그 신비를 영원 속에 감추고 그들의 존재를 소리없이 전하고 있음을 보라!

원시시대에 그와 같은 경이로운 신전과 영적 갈구를 표현한 구조물을 세운 그들의 수준 높은 영성과, 신에 대한 공경과 믿음이 홍익인간을 위한 제정일치를 가능하게 했을 것이다. 거인족은 단지 몸집이 거대한 사람을 뜻한 것이 아니라 그 품은 뜻과 믿음과 능력이 크다는 의미도 포함되었을 것이다. 그러나 세월이 흘러 기원전 3세기 무렵, 인구의 팽창과 늘어난 업무, 타국과의 빈번한 전쟁과 통치자의 세속화가 제정일치를 어렵게 만들었다. 그리하여 고조선과 삼한 시대에 제정이 분리되기 시작한다.

제정 분리

　고대 문명의 신비로운 구조물과 건축 기술을 보면 지금의 최첨단 장비와 기술로도 따를 수 없는 고대인의 높은 문명에 놀라울 뿐이다. 신비에 싸인 유적과 유물에 깃든 선인들의 지식과 지혜 그리고 신에 대한 경건한 마음이 전해진다.

　그런 불가사의를 인류의 역사 속에 남긴 그들의 신에 대한 생각은 절대적이었다. 신에 대한 절대적인 믿음을 지닌 하느님의 아들들이 이 땅에서 홍익인간의 이념을 실현할 때, 그들은 인간적인 욕심은 완전히 배제하고 공정했을 것이다.

　그러나 제정일치 사회의 단군왕검은 제사장과 왕의 역할을 충실히 해 나갔지만, 대를 거듭할수록 인구가 급속히 늘어나자 정치적인 문제가 국내외로 많이 발생한다. 이에 따라 세분된 지역과 혈연 직업 등의 공동체 이익에 따라 제정일치의 통치가 크게 흔들렸고 무엇보다도 전쟁을 수행함에 문제점이 드러났다.

　전쟁은 제정일치 사회의 모든 상황을 바꿔 놓았다. 힘이 센 전사를 따로 모아 군대를 형성하고 이를 통솔할 강력한 왕권이 필요하게 되자 자연히 제사장의 역할이 줄어들고 또, 삼한에서는 완전히 제천과 정사가 분리된 통치 체제로 전환하게 된다.

〈후한서〉 동이전 한조에는 "여러 국읍(國邑)에서는 각각 한 사람이 천신(天神)의 제사를 주재하는데 이를 천군이라 부른다."라는 기록이 보임으로써 제정이 분리되었음을 알 수 있다. 제정분리 후 시간이 지남에 따라 힘과 권력은 점차 세속적인 정치 지배자인 왕에게 귀속되면서 종교도 그 밑에 예속된다.

삼한시대의 왕은 제사장의 역할을 하지 않음으로써 스스로 천자란 호칭을 사용하지 않았다. 그러나 지금도 중국은 그들 스스로 천자의 나라로 생각하고 중화민국이라고 일컬음이 가소롭다. 실지로는 우리 배달국이 진정한 천자의 나라였음을 기억하자.

B.C 2200여 년 전, 천자에 의해 다스려지던 제정일치의 시대가 끝나고 세속화된 인간이 통치하는 제정이 분리된 시대가 도래하니 사익을 추구하는 패도 세력이 정치권에 스며들었다. 사람들은 정치권에서 발생하는 이득을 챙기고 기득권을 지키기 위해 정치가와 정치권력에 줄을 대기 시작하였다.

중국 춘추 전국시대 말기에 상인 여불위가 있었다. 진시황의 친부라고 알려진 그는 뛰어난 장사꾼으로 어느 날 아버지에게 세상에서 가장 좋은 사업이 무엇인지 물어보았다. 그러자 농사를 지으면 10배의 이윤이 발생하고 장사를 하면 100배의 이익을 볼 수 있다는 것과 정치권력을 잡으면 그 이득은 상상할 수 없다는 대답에 하나의 결론을 도출하였다.

그리하여 여불위는 조나라에 볼모로 온 진나라 태자 자초에게 재물을 투자하고 자기 애첩을 시집 보내어 그 공으로 진나라 승상까지 올랐다. 이 일화는 정치계에 사익을 챙기는 장사꾼이 끼어들어 정치가 공과 사의 항쟁이 되게 하였음을 알리는 사례다.

홍익인간

천자 한웅이 세상에 내려온 목적은 홍익인간이다. 이 홍익인간의 이념은 천손 단군이 고조선을 세워 정치이념으로 삼았고, 제정이 분리된 삼한 시대를 거쳐 지금까지 내려왔다. 홍익의 근본적인 뜻을 제대로 알고 있거나 모르고 있거나 국민을 위한다는 홍익인간의 정치는 동서고금의 모든 위정자가 정치 이념으로 삼고 있다.

창조주께서 사람을 만드실 때 말(글)을 주시어 동물과 차별되게 하시고 창의력을 장착하시어 인간의 삶을 풍요롭게 해 주셨다. 또 자유의지를 약속하시어 사람이 스스로 생각하고 행동하는 의사와 의지를 존중해 주시고 사랑으로 허락해 주시는 큰 은혜를 베푸셨다. 이 세 가지 선물이 바로 우리 인간이 하늘에서 부여 받은 천부인권의 요체라고 필자는 생각한다.

아버지의 선물로 사람은 말의 은총으로 기도할 수 있게 되었고, 창의력으로 생산성을 높여 삶을 풍요롭게 꾸밀 수 있었으며 또한 자유의지로 홍익인간을 완성하여 아버지의 나라로 다시 돌아갈 수 있게 되었다. 홍익인간의 이념은 인류를 위한 최고의 가치로서 절대 불변의 이념이다.

그러므로 통치자는 창조주께 받은 국민의 말과 창의력과 자유의지를 보호하여, 국민이 하느님의 뜻에 맞는 삶을 살게 하고, 그 삶을 완수하여 하느님께 다시 돌아가게 하는 책임과 의무를 동시에 지닌다. 그 책무가 홍익의 이념을 실천하는 구체적인 방법이다.

홍익인간의 이념은 삼한시대에 세속화된 왕으로부터 커다란 변곡점을 맞이한다. 왕은 홍익인간의 이념을 저버리고 백성에게 신민의 의무만 강요하였다. 또 개인의 말과 창의력과 자유의지를 제한하여 국민을 노예와 같은 삶을 살게 하였다.

성경 사무엘 상 8장에도 사람들이 왕을 청한 내용이 있다. 이 속에는 왕이 백성의 자유를 제한하고 재물을 빼앗는 일을 예고하고 있다. 이때가 아마도 배달민족에는 제천과 정사가 분리되는 시기였을 것이다.

「사무엘이 나이가 많아지자 두 아들을 판관으로 임명하여 이스라엘을 다스리게 하였다. 맏아들의 이름은 요엘이요, 둘째 아들의 이름은 아비야였다. 이들은 브엘세바에서 이스라엘을 다스렸다. 그런데 사무엘의 두 아들은 아버지의 길을 따르지 아니하고 제 잇속만 차려 뇌물을 받고는 법대로 다스리지 못하였다. 그러자 이스라엘의 장로들이 한곳에 모여 라마로 사무엘을 찾아가 건의하였다.
'당신은 이제 늙고 아드님들은 당신의 길을 따르지 않으니 다른 모든 나라처럼 왕을 세워 우리를 다스리게 해 주십시오.' 사무엘이 '우리를 다스릴 왕을 세워 주시오' 하는 말을 듣고, 마음이 언짢아

야훼께 기도하니 야훼께서 사무엘에게 이르셨다. '백성이 하는 말을 그대로 들어 주어라. 그들은 너를 배척하는 것이 아니라 나를 왕으로 모시기 싫어서 나를 배척하는 것이다. 그들은 내가 에집트에서 데려 내온 이후 이날 이때까지 나를 저버리고 다른 신들을 섬기며 그런 짓을 해 왔다. 너한테도 지금 그렇게 하는 것이다. 그러니 이제 그들의 말을 들어 주어라. 그러나 엄히 경고하여 왕이 그들을 어떻게 다스릴 것인지를 일러 주어라.' 사무엘은 왕을 세워 달라는 백성에게 야훼께서 하신 말씀을 낱낱이 일러 주었다.

사무엘은 이렇게 일러 주었다. '왕이 너희를 어떻게 다스릴 것인지 알려 주겠다. 그는 너희 아들들을 데려다가 병거대나 기마대의 일을 시키고 병거 앞에서 달리게 할 것이다. 천인대장이나 오십인대장을 시키기도 하고, 그의 밭을 갈거나 추수를 하게 할 것이며 보병의 무기와 기병의 장비를 만들게도 할 것이다. 또 너희 딸들을 데려다가 향료를 만들게도 하고 요리나 과자를 굽는 일도 시킬 것이다. 너희의 밭과 포도원과 올리브밭에서 좋은 것을 빼앗아 자기 신하들에게 줄 것이며, 곡식과 포도에서도 십 분의 일세를 거두어 자기의 내시와 신하들에게 줄 것이다. 너희의 남종 여종을 데려다가 일을 시키고 좋은 소와 나귀를 끌어다가 부려 먹고 양 떼에서도 십 분의 일세를 거두어 갈 것이며 너희들마저 종으로 삼으리다. 그때 가서야 너희는 너희들이 스스로 뽑아 세운 왕에게 등을 돌리고 울부짖겠지만, 그날에 야훼께서는 들은 체도 하지 않으실 것이다.

사무엘이 이렇게 말해 주었건만 백성은 여전히 고집을 부렸다. '그렇지 않습니다. 우리는 왕을 모셔야겠습니다. 그래야 우리도 다른 나라처럼 되지 않겠습니까? 우리를 다스려 줄 왕, 전쟁이 일어나면 우리를 이끌고 나가 싸워 줄 왕이 있어야 하지 않겠습니까? 사무엘이 백성의 말을 다 듣고 나서 야훼께 아뢰니, 야훼께서는 '그들의 말대로 왕을 세워 주어라.'하고 대답하셨다. 그래서 사무엘은 온 이스라엘 사람에게, 모두들 자기의 성읍에 가 있으라고 일렀다.」

삼한 시대 이후 일제 강점기 때까지 배달민족의 종살이 같은 신민의 삶은, 비로소 1948년 8월 15일 건국을 맞아 자유 민주주의의 사상으로 구제되었다. 홍익인간의 이념과 주권재민의 사상을 다듬어서 체계를 갖추고 일관되게 추구하는 것이 바로 자유 민주주의 사상이다.

독재자 김일성은 공산주의를 택했지만, 이승만 대통령은 뛰어난 외교력으로 공산주의를 막아내고, 민주주의 사상으로 우리에게 하느님의 귀중한 선물을 되찾아 주었다. 세상의 여러 사상과 주의는 언제 어디서든 상황에 따라 생기고 바뀔 수는 있지만, 홍익인간의 이념은 결코 없애고 바꿀 수 없는 하느님의 섭리이고 철칙이다.

주권

나라를 구성하는 세 요소가 국민 영토 주권이다. 대한민국은 국민과 영토 그리고 일제로부터 주권을 되찾은 1948년 8월 15일을 기하여, 비로소 세 가지 요소를 다 갖춘 진정한 건국이 되었다. 이를 부정하는 것은 역사를 왜곡하고 분란을 조성하여 나라를 독차지하려는 행위다. 임시정부 수립일을 건국일로 하자는 세력을 두고 하는 말이다.

국민과 영토는 고정적인 개념으로 논외하고, 주권은 국민의 삶에 직접적으로 영향을 끼치는 추상적인 개념으로 그 중요성을 새삼 언급하지 않을 수 없다. 주권은 주인(主人)의 권리로서, 대한민국은 내가 사는 내 집이요 내가 주인이다.

나라의 주권은 국민에게 있다. 국민의 주권을 위임받아 행사하는 일이 정치다. 정치는 국가의 이념과 헌법을 수호하고 정책과 법을 집행하는 권한과 책무를 동시에 지닌다. 주권은 국민과 영토를 지키기 위해 대외적으로 독립성을 가져야 한다.

우리나라의 정치는 B.C. 3898년 신시를 개척한 천자 한웅이 처음 시행하였고, 천손 단군이 고조선을 개국하여 그 권한을 이어받았다. 그 후 삼한시대에 들어와 일반 사람이 통치권을 천손에게 이어받아 군주권(君主權-王權神授說)의 시대를 열었으며 군주의 시대는 20세기 일제 강점기까지 지속되었다.

대한민국은 일제로부터 해방된 1948년 8월 15일을 기하여 전체주의적 신민의 신분에서 주권재민의 신분으로 잃었던 창조주의 선물인 말과 창의력과 자유의지를 되찾았다. 주권재민의 시대를 맞이한 대한민국은 이제 신민이 아닌, 나라의 주인으로 풍요로운 삶을 구가하게 된다.

대한민국은 초대 이승만 대통령의 외교력을 바탕으로 기적적으로 공산화를 막아내고 주권재민의 자유 민주주의 시대를 열었다. 새마을 운동으로 국민 총화를 이룩한 박정희 대통령은 한민족의 잠재된 창의력을 일깨워 경제개발을 주도하고 눈부신 경제 발전을 이룩하여, 오천년 가난을 물려받은 배달민족에게 윤택한 삶을 선사하였다.

통치권은 인간의 말과 창의력과 자유의지를 지켜주기 위한 통치자의 권한과 의무다. 이 두 분 대통령은 창조주께 받은 국민의 말과 창의력과 자유의지의 선물을 공산주의로부터 지켜주고, 민족정신을 일깨워 홍익인간의 이념을 실현하게 하였다. 위정자는 이 역사적 사실을 왜곡 없이 가슴에 새겨야 한다.

국민의 주권은 국민을 위해, 국민에 의해 위임받는다. 그러므로 통치자는 국민의 자유를 최대한 보장하고 생업에 열중할 수 있게, 창조주로부터 받은 표현의 자유와 사유재산의 인정과 인간의 존엄성을 뺏으려는 국내외의 패악 무도한 세력을 막아줘야 한다.

책임을 다하지 못하는 군왕에게 하느님의 뜻이 지혜서로 전해진다. 필자가 이렇게 성경 구절을 인용하는 뜻은, 정치인이 잊었거나 아니면 몰랐거나 혹은 등한시했던 주권의 중요성과 위임받아 행사하는 통치권의 엄중함을 되새기는 의도다.

「그러면 왕들이여, 내가 하는 말을 듣고 깨달아라. 땅의 끝에서 끝까지를 다스리는 통치자들아 배워라. 수많은 백성을 다스리며 헤아릴 수 없이 많은 신하들을 자랑하는 자들은 귀를 기울여라. 그대들이 휘두르는 권력은 주님께서 주신 선물이며, 그대들의 주권 또한 지극히 높으신 분께서 주신 것이다. 따라서 주님께서는 그대들의 업적을 굽어 보시고 그대들의 계략을 낱낱이 살피실 것이다. 만일 주님의 나라를 맡은 통치자로서 그대들이 정의로 다스리지 않았거나 율법을 지키지 않았거나 하느님의 뜻에 맞게 처신하지 않았으면 주님께서 지체없이 무서운 힘으로 그대들을 엄습하실 것이다. 권세 있는 자들에게는 준엄한 심판이 기다리고 있다. 미천한 사람들은 자비로운 용서를 받겠지만 권력자들은 엄한 벌을 받을 것이다. 만인의 주님은 어떤 인간도 두려워하시지 않고 힘센 자라고 해서 위해 주시는 법이 없다. 그분은 대소 만물을 친히 지으셨고 따라서 만인을 똑같이 대하신다. 그러나 권력자들은 엄하게 다스리신다. 」(지혜서6)

공산주의

민주주의와 공산주의가 수십 년 동안 대립했다. 소련의 공산주의와 미국의 민주주의가 세계를 양분하고 저마다 국민을 위한 정치를 펼쳤다. 그러나 아주 오래지 않아 국민의 삶에 큰 차이를 보이며 승패가 결정 났다.

민주주의와 각을 세웠던 공산주의가 몰락했다. 그 이유는 공산주의 사상이 창조주에게 받은 선물인 말과 창의력과 자유의지를 인간으로부터 뺏었기 때문이다. 노동자 혁명으로 자본주의를 무너트리고 공산주의를 채택한 소련은 공동 생산, 공동 분배의 형식을 빌려 인간의 창의력을 잠재우고 자유의지를 짓밟았다.

민주주의 정권은 인간의 자유로운 의사 표시와 자유의지를 보장하고 창의력을 극대화하여 개인이 부를 쌓을 수 있게 하였고 또 종교의 자유를 채택하여 국민이 홍익인간을 추구할 수 있게 하였다.

그러나 이에 반하여 공산주의는 공동 생산과 공동 분배의 정책으로 국민의 창의력에 족쇄를 채우고, 나라의 경제발전에 심각한 발달장애를 일으키게 하였다. 게다가 표현과 자유의지를 제한하고 비판의 소리에도 재갈을 물리는, 전제주의 정치로 주권을 전횡하며 민주주의와 정 반대의 길로 달렸다.

초기 공산주의가 태동하게 된 것은 봉건적 전제 군주제에 대항하여 시민의 자유와 권리를 찾는 운동에서 기인하였다. 공산주의 이상은 사 유재산 제도하에 발생하는 빈부의 격차를 없애기 위해 공유재산 제도 를 바탕으로 보다 합리적이고 정의로운 사회 공동체를 구현하자는 것 이었다.

그러나 그것은 명목적인 이상일 뿐 공산주의자의 목적은, 노동자 계 급의 결성과 노동자를 고용하는 사업주, 즉 부르주아 계급의 전복을 도 모하고, 노동자에 의한 정치 권력을 획득하는 것이 그들의 속셈이었다. 이것은 1917년 러시아 10월 혁명에서 실현된 것으로 보고 있다.

노동자를 이용해 정권을 잡은 공산주의 정치가, 동일노동 동일임금 의 굴레를 씌워 인간의 창의적 생산 욕구를 저해하고, 규제와 속박의 틀을 만들어 그 속에 국민을 사정없이 구속하였다. 강압적인 공산주의 의 철권 통치로 인해 인간의 삶이 하향으로 평준화되고 결국에는 공산 주의의 이상이 허구이며 비현실적임이 드러났다.

그럼에도 불구하고 실패한 공산주의가 여전히 독재자의 성지로 남 아 있다. 공산주의가 패도 정치인의 성지가 된 이유는, 공산주의의 달 콤한 이상과, 국권을 장악해 강제하는 야누스의 두 얼굴이 필요했기 때 문이다.

민주주의와 공산주의의 대결에서 공산주의가 패했건만, 공산주의는 사라지지 않고 사회주의 혹은 인민 민주주의 등의 탈을 쓰고 여전히 민주주의를 행세하고 있다. 그들이 표방하는 이름이 무엇이든지 간에 인간의 자유의지를 짓밟는 것은 똑같다.

이렇게 사사로운 정치 모리배들이 자신의 욕망을 채우기 위해 민주의 탈을 쓰고 패도 정치를 펼치고 있음을, 공산화에 노출된 대한민국 국민은 결코 간과해서는 안 될 것이다. 앞서 언급한 여불위의 고사처럼, 자기 정치를 하는 모리배에게는 홍익인간의 이념은 찾아볼 수 없고, 국민은 그들의 노예에 지나지 않는다. 정치는 그저 모리배의 출세와 욕구 충족을 위한 수단과 도구일 뿐이다.

대한민국의 공산화

공산주의 사상을 채택한 북한과 마주하고 있는 1960년대의 자유 대한민국은 박정희 대통령의 경제 개발 정책에 국민의 총력을 기울였다. 그 결과 대한민국은 박정희 대통령의 새마을 사업과 경제개발 5개년 계획을 차례로 성공시켜 마침내 세계 10위권의 경제대국으로 올라섰다.

지하자원으로 빈부를 측정하던 그 시기에 대한민국은 오로지 노동력만이 가난을 타파하는 유일한 길이라는 것을 간파한 박정희 대통령은 농업에서 공업화의 길로 방향을 틀었다. 그 결과 대한민국은 세계 최빈국에서 일약 선진 공업국으로 발돋움할 수 있게 되었다.

그러나 자유민주주의를 채택하고 고도의 경제성장을 이룩한 대한민국이지만, 금전에 대한 철학이 부재하여 국민은 돈을 삶의 최고 가치로 삼는 배금주의 사상에 쉽게 물들었다. 돈은 아무런 준비도 안 된 대한민국 국민에게 황금만능의 이기적인 국민성을 심어놓았다.

열심히 일하니 돈이 들어오고, 풍족하게 살다 보니 돈이 좋다는 것을 알게 되었다. 가난한 노동자는 돈을 더 벌기 위하여 열심히 일했다. 이렇게 돈에 대해 애착이 늘어날 즈음 공산주의 사상이 노동계에 스며들었다.

공산주의 사상은 노동자와 한편이 되어 사측과 대립각을 세우고 열심히 투쟁하였다. 노동자는 공산주의 사상에 입각한 노조를 결성하고, 조직화된 힘으로 사측을 강력하게 밀어붙이며 협상을 잘 이끌었다. 그렇게 노조가 노동자에게 큰 힘이 되어 수입을 높여주었다.

노조는 공업에 종사하는 제반 노동자를 위시해서 농민을 자기 세력에 포함하고, 언론과 교육, 의료, 심지어 공무원에 이르기까지 급여를 받는 모든 직장인을 광범위하게 포괄하였다. 드디어 돈을 매개체로 공산주의와 노조는 손을 잡고, 탐욕을 채우기 위해 사회 질서를 어지럽히며 모든 관계를 갈등으로 몰아넣었다.

황금만능을 알게 된 국민은 사명 청렴 양심 봉사로 일해야 할 직종에도 노조를 결성하여 투쟁의 대열에 합류시켰다. 신흥공업국으로 발돋움한 대한민국은 노동자를 더 많이 양산하였고, 이에 공산주의 사상으로 무장한 노조는 조합원이 크게 늘어나 거대한 세력으로 떠올랐다.

마침내 대부분의 직장에 노조가 창립되고, 공산주의 추종자는 노총을 통해 숨겨온 칼끝을 정치권에 들이댔다. 공산주의 사상을 가진 노동당까지 창당하게 되니 노조를 장악한 붉은 세력이 정가에서 활개를 치고, 그들의 비호 아래 민노총의 시위와 집회는 더욱 과격해졌다.

황금만능 시대의 인간은 모든 관계를 돈으로 거래하였다. 사람도 돈으로 사고파는 지경에 이르니, 인간의 정신과 삶의 방식까지도 돈에 의해 좌우되었다. 정치권에는 검은 돈의 거래가 성행하였다. 공정(公正)의 세력이 이를 타파하려니 여야의 패도 정치 모리배는 온갖 거짓말로 청백한 공(公)을 정치권에서 밀어냈다.

자유와 민주주의를 수호하고 경이적인 경제발전으로 세계 상위권에 올라선 대한민국이, 보수 기득권 세력의 부패를 양분 삼아 기생하던 종북좌파 세력과 이에 동조한 언론을 비롯한 여러 패도 세력의 담합으로, 공의 정권은 하릴없이 무너지고 나라는 붉게 물들었다.

드디어 대한민국 정치에 기생하던 패도 모리배는, 선진국을 향한 단일 대오의 국민 염원을 분산시키고 노조가 장악한 언론으로 종북 좌파 정권을 미화하며 독재의 발걸음을 재촉하였다.

공산주의 세력은 사회의 각 분야를 장악한 노조를 통해 정치권력을 꿰차고, 법과 원칙을 파괴하며 대한민국의 공산화에 기치를 올리고 있다. 이제부터 공산주의 사상은 대한민국의 자유를 더욱 통제하고 홍익인간의 삶을 위태롭게 할 것이다.

공과 사의 항쟁

　정치인들은 너 나 할 것 없이 멸사봉공을 다짐한다. 처음에는 누구나 다 그런 마음이었겠지만 막상 권력의 맛에 취하면 멸사봉공의 정신은 사라지고 탐관오리를 답습한다. 권력의 주변을 맴도는 돈과 색의 달콤한 유혹에 자유로울 정치인이 어디 있겠는가?

　항쟁의 정치는 겉으로는 좌와 우, 진보와 보수로 표방하지만 실제로는 공과 사의 전쟁이다. 공(公)은 홍익인간의 이념을 추구하는 정도(正道)를 걷는 선의 세력이고, 사(私)는 사리사욕을 도모하는 패도(覇道)에 빠진 악의 세력이다. 공(正道)과 사(覇道)는 진보 안에도 존재하고, 보수 안에도 들어있다.

　국민이 주권을 행사할 때 공인과 사인을 분별할 수 있다면 투표로 골라내겠지만, 문제는 사(私)가 좌와 우, 진보와 보수의 양 진영 속에서 공(公)의 옷을 입고 함께 섞여있다는 점이다.

　진보는 분열로 망하고 보수는 부패로 망한다는 말이 있다. 이는 진보는 여러 이익단체가 담합했기 때문이고 보수는 기득권 수구 때문이다. 대한민국의 정치가 늘 후진성을 벗어나지 못하는 이유는, 양 진영 안에 기생하는 사사로운 패도 정치가 그 원인이라 할 수 있다.

중도인 공(公)의 존재가 미미하면 좌우 극한 대립을 피할 수 없다. 공(公)의 세력이 확장되어야 양 진영 속에 도사리고 있는 좌 우익 모리배의 패도를 뿌리 뽑고, 좌우 공(公)이 협력하는 상생의 정치를 펼칠 수 있다.

새는 좌익 하나로 날 수 없고 우익 하나로도 날 수 없다. 그렇다고 좌익 우익이 모두 있다 해도 결코 날 수 없다. 새는 중앙에 공(公)의 머리가 있어야 양익을 펼치고 힘차게 날아오를 수 있다. 그러나 우리나라는 좌우 프레임의 덫에 걸려 중도인 머리가 없어졌다. 설령 중도가 폭넓게 포진해 있다 해도 깨어나지 않는다면 이 역시 하늘을 날 수 없다. 우유부단한 중도는 제 역할을 하지 못하기 때문이다.

나무의 나이테를 보면 여름의 성숙과 겨울의 내실로 생장함을 알 수 있다. 나무의 성장을 감싸고 있는 껍질이 바로 공(公)이라 할 수 있다. 나무가 해를 거듭할수록 크게 자라나듯이 공의 껍질 안에서 진보와 보수가 상생의 묘(妙)를 찾아야 정치가 안정되게 발전한다.

위정자는 국민이 부여한 정치 권한을 개인의 공명과 이익을 탐내는 데 써서는 안된다. 또 여야가 담합해서 국정을 농단해서도 안된다. 다만 국민을 위해서 양보와 타협으로 나라를 안정되게 해야 한다. 진보의 공(公)과 보수의 공(公)이 협력하는 것은 단합이지만, 진보의 모리배와 보수의 모리배가 밀약하는 것은 담합이다.

2017년 3월 10일 대한민국은, 좌우 양 진영에 서식하는 모리배들이 담합해 공(公)을 탄핵하고 자기들만의 세상을 만들었다. 거짓과 선동으로 불의하게 집권한 패도 모리배 세력은 국정을 농단하고, 집권에 협조한 여러 이익 단체에게 특권과 국책사업의 이권을 챙겨 주면서 국고를 거덜 냈다.

이들은 매사 거짓을 일삼다가 들통이 나면 전 정권을 탓하고, 그도 모자라 국민을 탄압하고, 안하무인으로 독재도 서슴지 않고 있다. 이러한 패도 정치는 사회의 혼란을 야기해 국민의 이목을 가리고 독재함이 목적이다. 눈과 귀가 가려진 국민들은 자기도 모르게 패도의 홍위병이 되었다.

국곡투식, 즉 나랏돈으로 배 불리는 참여 연대를 비롯한 각종 시민 단체와 노조 같은 이익단체들이 정치권에 포진하고, 좌파 정권과 더불어 파이를 나눠 먹게 되면, 나라의 경제가 무너지는 것은 자명하다. 우리가 정치에 매우 민감하게 반응하고 때에 따라 과격해지는 것은 이러한 경우를 걱정하기 때문이다.

정치의 참(公)과 거짓(私)의 식별은 언론을 통해서 가려지는데, 현재 대한민국의 언론은 지나치게 악의적이고 편파적이어서 대부분의 국민은 왜곡되고 편집된 거짓 정보만 입수하게 되어 올바른 판단을 내릴 수가 없다.

거짓이 참을 매도하는 세상이니, 정치를 제대로 알려면 노조가 장악한 국내 언론이 아니라 세계인의 시각으로 평가한 자료를 보고 심사숙고해야 한다. 피부에 와 닿는 경제와 돌아가는 사회의 분위기를 보고, 나아가 천부인권을 보장하여 홍익인간을 실현하는 세력이 과연 어느 쪽인지 지혜롭게 살펴봐야 한다.

거짓말

세상 최초의 거짓말은 뱀에게서 나왔다.

어느 날 뱀이 여자에게 물었다. "하느님이 너희더러 이 동산에 있는 나무 열매는 하나도 따 먹지 말라고 하셨다는데 그것이 정말이냐?" 여자가 뱀에게 대답하였다. "아니다. 이 동산에 있는 나무 열매는 무엇이든지 마음대로 따 먹되 죽지 않으려거든 이 동산 한가운데 있는 나무 열매만은 따 먹지도 말고 만지지도 말라고 하셨다." 그러자 뱀이 여자를 꾀며 말했다.

"절대로 죽지 않는다!"

절대로 죽지 않는다는 거짓말. 이 거짓말에 선악과를 따먹고 에덴동산에서 쫓겨난 여자는 출산의 고통을, 남자는 죽도록 고생해야 하는 벌을 받고 하느님께서 정해 주신 날수가 차면 죽게 되었다. 그 덕분에 후손인 우리도 선과 악을 선택해야 하는 시험에서 벗어날 수 없고 날이 차면 죽을 수밖에 없게 되었다.

말은 창조주께 받은 고귀한 선물로서 우리 인간의 권리이다. 거짓말은 이 귀한 선물을 욕되게 하는 것으로 나쁘게 사용하면 직권 남용이 된다. 더욱이 악의적인 거짓말은 남을 해칠뿐더러 자신마저도 파멸의 구렁텅이에 빠지게 하므로 결코 해서도 안 되고 또 남의 거짓말에 넘어가서도 안 된다.

거짓말은 믿을 수 없는 말(不信)이다. 즉 사람(人)의 말(言)이 아닌(不) 악마의 말이다. 「네가 이런 일을 저질렀으니 온갖 집짐승과 들짐승 가운데서 너는 저주를 받아 죽기까지 배로 기어 다니며 흙을 먹어야 하리라.」 이렇게 하늘의 법망은 성긴 것 같아도 아주 작은 죄라도 빠져나갈 수 없고 그에 상응하는 벌은 피할 수 없다.

그런데 이런 악마의 거짓말이 지금 정치판에 난무하고 있다. 일반인의 거짓말도 십계명에 들어가는 대죄이거늘 하물며 정치인의 거짓말은 어떻겠는가? 참을 거짓이라고 매도하면서 국민을 속이는 정치인의 거짓말은 결국 홍익인간의 이념을 위협하고 나라를 망치는 크나큰 죄악으로 중벌을 면치 못할 것이다.

> '너희는 악마의 자식들이다. 그래서 너희는 그 아비의 욕망대로 하
> 려고 한다. 그는 처음부터 살인자였고 진리에 서 본 적이 없다. 그
> 에게는 진리가 없기 때문이다. 그는 거짓말을 할 때마다 제 본성을
> 드러낸다. 그는 정녕 거짓말쟁이며 거짓말의 아비이기 때문이다.'
> (요한 복음 8)

이 말씀은 과연 누구를 두고 하시는 말씀인가? 거짓은 거짓말을 낳는다. 그러니까 자가당착 자승자박이란 말이 생겨났다. 한 거짓을 감추

려면 다른 거짓을 갖고 와야 한다. 거짓이 거짓을 낳고 나중에는 스스로 늪 속에 빠지고 스스로 얽매야 한다.

> '이 독사의 족속들아! 그렇게 악하면서도 어떻게 선한 말을 할 수 있겠느냐? 결국 마음에 가득 찬 것이 입으로 나오는 법이다. 선한 사람은 선한 것을 마음에 쌓아 두었다가 선한 것을 내놓고 악한 사람은 악한 것을 마음에 쌓아 두었다가 악한 것을 내놓는 것이 아니겠느냐? 잘 들어라. 심판 날이 오면 자기가 지껄인 터무니없는 말을 낱낱이 해명해야 될 것이다. 네가 한 말에 따라서 너는 옳은 사람으로 인정받게도 되고 죄인으로 판결 받게도 될 것이다.'(마태 12. 43-45)

백문(百聞)이 불여일견(不如一見)이라고 했다. 백 번 듣는 것보다 한 번 보는 것이 낫다는 말이다. 직접 보면 믿게 되므로 보여주는 거짓이 가장 큰 거짓말이다. 오죽하면 쇼통령이란 신조어까지 나왔겠는가! 그래서 어떤 정치인은 멀쩡한 구두를 펜치로 뜯어내 시민을 속이고, 또 어떤 정치인은 매크로 기술로 여론을 조작하여 국민을 속였다. 이렇듯이 대한민국의 패도 연합이 국민을 속였다.

그러나 거짓말은 이성(理性)의 벽을 뚫지 못한다. 그래서 인간의 여린 감성에 호소한다. 거짓말은 감수성이 풍부한 여성과 20대를 호갱으로 삼는다. 나중에는 호갱을 더 넓히려고 10대에게도 선거권을 주자고 한다. 거짓말은 여성과 젊은 층이 주 호갱이지만, 지금은 속속들이 들통나서 많이 돌아서고 있다. 그러나 오래전에 전교조에 세뇌당한 3~40대는 아직도 태반이 그들의 거짓말에 헤어나지 못하고 있다.

그런데 좌파가 왜 전교조에 집착하는가? 이미 법외 노조로 판결이 났음에도 불구하고 집요하게 되살리는 이유는 전교조를 통한 공산주의 건설 역군을 양성하기 위함이다. 어른보다 쉽게 속일 수 있는 순백의 대한민국 모든 어린이를 좌파의 홍위병으로 세뇌하려는 의도다. 대한민국의 어린이가 아주 위태롭다.

또 좌파는 우리 민족의 '한'을 이용하여 지역 갈등을 일으켰다. 특히 전라도를 이용해 남북으로 갈린 민족을 또다시 동서로 갈라놓았다. 나는 전라도의 '소리'와 순박한 인심에서 빚어지는 맛깔스런 음식을 좋아한다. 그런데 좌파는 순수한 마음으로 좋아하는 것이 아니고, 그 순박한 전라도의 한을 매번 정치적으로 선동하고 또 시체팔이에도 이용하는 것이 눈살을 찌푸릴 정도다.

증삼살인의 고사처럼 거짓 뉴스는 세 번만 들려주면 누구든 속일 수 있다. 낙숫물이 바위를 뚫듯 악마와 손을 잡은 조선 중앙 동아일보 등의 주류 언론과 KBS MBC 등의 지상파 방송의 가짜 뉴스와 좌파 정치 패널의 일방적 평론이 결국에는 대한민국을 망쳐 놓았다. 드디어 웅지를 품고 비상하는 대한민국의 앞날에 빨간 불이 켜졌다.

이대로 공산화가 될 것인가? 한 번 쓰러진 대한민국은 스스로 일어나지 않으면 자유와 평화는 없다. 공산주의와 사회주의 추종자를 몰아내지 않으면 우리 대한민국은 인민 민주주의 북한 주민의 신세를 면치 못할 것이다.

사람들이 묻는다, 다음 대통령은 누가 되었으면 좋겠냐고. 그렇지만, 거짓말에 속아 훌륭한 대통령도 내쳤던 국민에게 좋은 대통령이 무슨 소용이 있겠는가? 그 어떤 성군이 나온다 해도 또다시 거짓말에 속지 않겠는가? 우리는 좋은 대통령을 가질 자격이 없다. 그러므로 거짓말에 속아서도 안 되고, 부정선거를 용납해서도 안 되고, 넘어져도 스스로 일어날 수 있는 지혜로운 국민이 먼저 되어야 한다.

망국의 패도 연합

　나는 대한민국 사회가 이토록 분열된 상황이 단순히 사상이나 이념 때문인 줄 알았다. 하지만 그것만이 아니었다. 그것은 양 진영에 도사리고 있는 패도 세력의 불순으로 야기된 공과 사의 항쟁 때문이었다. 그러나 지금 다시 생각해 보니 그보다도 이 분쟁은 궁극적으로는 선과 악의 싸움이고 참과 거짓의 대결로 귀착된다. 이 싸움은 하느님이 인간 사회에 던지신 시험이며 우리가 넘어야 할 시련이다.

　창조주께서 우리에게 말과 창의력과 자유 의지의 선물을 주셨는데, 우리는 이것을 누리면서도 그동안 고마워하지 않았고 지키려 하지도 않았다. 그냥 거저 주어진 것으로만 알고 고마움도 모른 채 아무 생각이 없이 누리기만 했다. 그 무관심이 우리를 황금을 향해 움직이게 했고 하느님에게서 차츰 멀어지게 하였다. 그 때문에 하느님께서 참과 거짓을 분별하는 지혜를 일깨우기 위해 말과 창의력과 자유의지를 제한하는 거짓 세력들의 횡포를 허용하셨다. 그 세력들은 우리 안에 자리 잡은 사사롭고 이기적인 욕망의 결사체들이다. 그 세력들은 참과 대척점에 서서 힘을 모으고 황금에 눈먼 인간 사회의 한 면을 차지하며 평화와 번영을 깨고 갈등을 일으킨다.

드디어 자유 대한민국에서 투쟁에 능한 사파 세력이 정권을 찬탈하였다. 이 대결은 1대 10의 싸움이었다. 1이 사심 없는 공(眞)이라면, 10은 이익단체가 연합한 사(僞)의 세력이다. 이제 우리는 이 연합세력의 지배에 놓이게 되었고 참(眞)을 분별해낼 때까지 그리고 말과 창의력과 자유의지를 되찾을 때까지 자유를 제한받으며 사사건건 짓눌리게 되었다. 지금 우리의 경제가 무너져 일자리가 없어지고 자유가 위협받는 것은 공산 패도 세력이 집권해 세계 10위의 경제 국가를 쥐락펴락하고 있기 때문이다. 지금부터 하느님이 짐짓 허용하신 패도 세력을 열거해 보겠다.

1) 탄핵에 앞장선 보수당 내 부정부패한 국회의원.

2) 자력으로 집권하기 어려워 다른 세력과 연합한 좌파정당과 정치인.

3) 좌파 정권을 무조건 지지하는 특정 지역의 90%를 웃도는 몰표.

4) 공산주의 사상으로 무장한 패도의 숙주 세습 귀족 민노총.

5) 가짜 유공자를 지속해서 양산하는 종북의 거점 5.18 세력.

6) 어린 자식의 죽음을 좌파 집권에 넘겨준 세월호 유가족.

7) 여론몰이 시위에 헌법을 수호하지 못하고 무릎 꿇은 헌법재판소.

8) 조작한 가짜 뉴스로 기소하고 판결하는 검찰과 사법부.

9) 공무원 노조가 장악해 부정선거를 획책하는 선거관리위원회.

10) 거짓 뉴스를 양산하며 국민을 속인 쓰레기 기자와 각종 언론 매체.

이들이 바로 주권을 찬탈한 공산주의자와 황금에 눈이 멀어 탄핵에 동조한 세력들, 좌파의 극성 떼법에 무릎 꿇은 공무원들로서 대한민국을 나락에 빠트린 패도 결사체들이다. 이들의 잘못을 가려내지 않는다면 대한민국의 앞날은 이보다 더 큰 환란을 초래하게 될 것이다. 이들의 도움으로 비상식으로 집권한 이 정권과 이에 협조한 세력이 모두 기득권자가 되어 거리낌 없이 대한민국의 부와 권력을 나눠 먹고 있으니 사회 곳곳에는 부정과 부패가 판을 친다. 그 결과 대한민국의 위상과 국제 신용도는 끝없이 추락하고 '스스로 자살하는 나라'로 낙인찍혀 세계의 웃음거리가 되었다. 우리는 이 상황이 대한민국의 아픔이며 극복해야 할 시련임을 깨달아야 한다. 그리하여 공산주의를 진보의 탈 속에 숨긴 세력과 이에 동조한 세력들의 거짓을 들춰내 다시는 준동하지 못하도록 정의를 구현해야 한다.

종교의 정치 개입

　종교의 정치 개입 문제를 살펴보자. 종북 좌파 정권에게 면죄부를 주는 양, 그 패도 세력들과 함께 행동한 정의구현 사제단! 그들은 정작 나서야 할 때는 함구하고 우파가 집권했을 때 수녀를 대동해 좌파 정권의 행동대를 자처하였다.

　이는 '종교와 정치는 분리된다.'고 명시한 헌법 제20조와 맞지 않으며 '정치구조나 사회생활의 조직에 직접 개입하는 것은 사목자가 할 일이 아니다.'라는 가톨릭교회 교리서 2,442항에도 위배된다.

　종교가 거룩하다는 것은 성스러움이 정치로부터 분리됨을 말한다. 따라서 직책을 맡은 사제가 정치에 참여하는 그 순간부터 거룩한 직분을 잃는 것이다. 예수님께서 현세적 왕권을 부인하셨으므로 가톨릭 사제가 정치에 관여하는 것은 교회의 설립과 그 목적에 상반된다.

　　예수님께서는 그들이 와서 당신을 억지로 모셔다가 임금으로 삼으려 한다는 것을 아시고, 혼자서 다시 산으로 물러가셨다. (요한복음6,15)

　솔직히 사제가 정치를 알면 얼마나 알 수 있겠는가? 정치인의 추악함을 거룩한 사제가 자세히 들여다볼 수는 있겠는가? 술수와 모략의 달인 패도 정치인의 흑심을 느낄 수나 있겠는가? 세속의 일은 사제보다 신자가 더 잘 안다.

비오 11세 교황은 교회 신자를 지도하는 지침서 [하느님이신 구세주]에서 「공산주의는 인간사회의 골수까지 침투하여 그 파멸만을 가져오는 치명적인 전염병」이라고 정의하였다. 그런데도 오늘날 일부 정치 사제들은 이단 해방신학을 따르면서 사회주의를 추종하고, 집권 좌파 세력의 대한민국 공산화에 동조하고 있다.

신부들이 공산주의 사상에 감염된 가톨릭교의 상태는 매우 심각하다. 해방신학으로 공부한 사제가 신학생을 가르치니 가톨릭은 정치하는 종교, 그것도 좌파 공산주의의 신봉 세력으로 변질하였다. 이것을 한국 천주교가 묵인하고 로마 교황청도 방관하고 있다.

교회는 예수님의 희생으로 시작되었다. 마태오 복음서에 「거룩한 것을 개들에게 주지 말고 너희의 진주를 돼지들 앞에 던지지 마라. 그것들이 발로 그것을 짓밟고 돌아서서 너희를 물어뜯을지도 모른다.」를 음미해 보자.

복음을 무시한 정의구현 사제단은 정치에 깊숙이 개입해, 거룩하신 예수님을 개돼지 같은 종북 정권과 이북의 김씨 일가에 바쳤고, 천박한 정권의 나팔수가 되어 신자들을 선동하고 있다. 묻노니, 이를 방관하는 대다수의 사제들은 무엇을 하고 있는가? 교회가 잘못된 길을 가고 있으면 토론회라도 열어야 하지 않겠는가?

　신부의 사명을 멀리하고 정치판에 기웃거린 정의구현 사제단의 회장은 개돼지들 틈에서 세속의 속된 일도 서슴지 않고 저질렀다. 일반인도 수치스러운 미투에 걸리고, 이에 종북 좌파 주교는 자기 성찰 없이 짤막한 사과문 몇 줄만 내고 황급히 입을 막았다. 이런 일은 참으로 신속하게 잘도 처리한다.

　신자들이 정치적인 문제로 처절하게 싸우다가도 교회에 들어서면 한 형제자매가 되어 함께 주님을 찬미하고 평화를 나눠야 하건만, 일치와 친교를 부르짖어야 할 사제가 외짝 눈이 되어 신자들을 편 갈라 교회 밖으로 내쫓고 있다.

　좌파의 시체 놀이에 함께 놀아난 사제들이 있다. 그들은 좌파 정치인과 전문적인 시위꾼 백남기의 죽음과 성희롱 범죄자 박원순의 자살에 일일이 문상하면서도, 백척간두에 서 있는 대한민국의 미래와 붉은 사상에 오염된 가톨릭을 걱정하며 주님께 돌아간 화곡 성당의 강남수 베드로의 의롭고 숭고한 죽음은 외면하였다.

　좌파의 정치 이념에 함몰돼 자기의 양을 사지로 내모는 대한민국의 천주교가 진정 그리스도의 교회인가? '남을 죄짓게 하는 것보다 연자매를 목에 걸고 바다에 던져지는 편이 낫다.'는 이 말씀은 무슨 뜻인가? 대답하라!

　해방신학파, 그들은 누구인가? 해방신학이란 가톨릭을 정치에 참여

시킴으로써 가난한 자들 편에 서서 그리스도의 복음을 실천하는 것과 그 실천하는 방법으로 마르크스 사상을 이용해 사회를 개혁하자는 공산주의에 동조하는 사제들이다. 마르크스주의 해방신학은 일치와 친교가 아닌 갈등과 단절의 사상이다.

보라! 지금까지 정의구현 사제들은 누구와 싸워왔는가? 자본주의 체제와 대립각을 세우고 박정희 박근혜 부녀 대통령과 우파와 싸웠고, 부자와 재벌을 상대로 투쟁해 왔지 않는가? 마치 공산주의 전위대처럼! 그들은 가난한 자와 억압받는 자를 돕는다는 명분으로 수녀들을 대동해 자유 민주주의 국민을 상대로 투쟁하였으니, 이는 이북의 김씨 일가와 종북 좌파 정치세력의 친위대가 된 격이다.

정의구현 사제단! 그들은 지금 무엇을 하고 있나? 나라가 공산주의 이북의 불 뿜는 총구 앞에 서 있는 것이 정녕 보이지 않는단 말인가? 불쌍하고 애석하다. 교회에서 최고 권위자 주교 그리고 정의구현 사제단! 그들은 그 권위가 깨지지 않게 참으로 열심히 살아간다. 그들은 부족한 영성을 정치권에서 찾으려나 보다.

불편한 진실

　한때 어둠 속에서 촛불을 든 정의구현 사제단 소속의 일부 사제가 광란하였습니다. 공산주의 정치가의 궤변에 속아 정치판에 발을 디딘 노란 리본을 가슴에 달고 촛불을 든 사제들, 그들은 민주와 평화 그리고 정의를 내세우며 좌파인 것을 자랑으로 여깁니다. 그들이 말하고 행동하고 생각하는 이념이 모두 진실인 것처럼 신자들을 기만하였습니다.

　예수님을 잃으셨던 성모님은 3일간이나 찾아 다니셨습니다. 그러나 어린 예수님께서는 당신이 있을 곳은 아버지의 집이라고 어머니를 책망하십니다. 되돌아보면 성모님은 예수님을 어디에서 찾으셨나요? 놀이터인가요 시장인가요? 성모님께서는 어디에서 어린 예수님을 3일 동안을 찾으셨나요?

　지금 우리 정의구현 사제들은 어디에 있습니까? 아버지의 집에 있습니까 정치판에 있습니까? 아니면 지난 때처럼 미투의 현장에 있습니까? 염불에는 마음이 없고 잿밥에만 마음을 둔다면 어떻게 되겠습니까?

　동원된 신자 몇몇과 각지를 돌아다니며 보여주기 식의 미사를 시국미사로 미화시켜 정권에 부역하신 좌파 신부님, 그런 신부님이 정치판에 뛰어들어 정치인과 한솥밥을 먹게 되면 술과 여자도 함께합니다. 그럴 때 신자는 어디 가서 신부님을 찾겠습니까? 성당입니까 이웃집입니까 아니면 속세의 그곳입니까?

사제단의 한 사제는 정치에 개입하는 이유를 소외되고 가난한 이들을 위한 일이라고 생각합니다. 사제인지 선거 운동원인지 또 데모꾼인지 구분이 가지 않을 정도로 열성적으로 시위에 참가하더군요. 저는 이러한 사제의 존재에 놀라움을 금치 못하였습니다.

예수님께서는 분명히 '카이사르의 것은 카이사르에게'라고 말씀하셨습니다. 그러나 정의구현 사제단은 무슨 잣대로 정의를 구별하고, 그렇게 구별한 정의를 어떤 방법으로 실천하고 계십니까?

아직도 그들이 말하는 5.18 유공자와 세월호의 죽음이 고귀하다고 생각하십니까? 좌파의 성역인 5.18과 세월호 희생자를 국민 모두가 유공자로, 의사자로 인정해 준다고 생각하십니까? 대다수의 국민은 그렇게 인정하지 않습니다. 국민은 그들을 세금 빨아먹는 거머리로 생각합니다.

몇 년씩 노란 리본의 세월호 현수막이 걸려 있는 교구청을 보면, 해도 너무 한다는 생각이 듭니다. 교회가 한쪽 편을 들면 다른 쪽은 불편해합니다. 더욱이 5.18을 비난하면 법적 조치를 하자는 법안에 적극적인 주교에게 묻습니다.

여기가 공산주의 국가입니까? 어찌 이런 법안에 찬동하자고 교회 안에서 서명운동을 벌이려 하십니까? 신자들이 당신들의 정치사상에 따르는 개돼지들입니까? 좌파의 성역이 된 5.18과 세월호의 거짓은 곧 밝혀집니다.

신부님! 분단국가의 특수한 상황을 고려해서 국내의 정치는 세계적인 시각으로 봐야 합니다. 그러나 그것도 신부님 개인적으로 생각하고 투표만 하십시오. 괜스레 세속의 일을 잘 알지도 못하는 순수한 수녀까지 시위 현장에 이리저리 끌고 다니지는 마십시오.

종교와 정치는 분리되어 있습니다. 세상에는 종교 철학 정치 경제 사회 교육 문화 등, 많은 분야의 직분이 있습니다. 사제들은 세상의 어느 직분보다도 거룩한 임무를 수행하고 있습니다. 그것은 사제만이 누리는 축복이며 영광입니다.

그 축복받은 영광이, 동성애와 낙태의 합법화 움직임에는 애써 외면하고, 목숨 걸고 북한을 탈출한 20대의 두 젊은이를 북송해 죽게 만든 종북 정권의 무자비에도 모른 척 침묵하고, 대한민국을 공산주의 국가로 만들려고 자유를 지우는데도 이렇게 함구하고 있습니다.

세계에서도 가장 자랑스러웠던 대한민국의 천주교회가 진정 그리스도의 교회인지 의심스럽습니다. 대한민국의 공산화를 걱정하고, 레드 바이러스에 감염된 천주교의 좌경화에 단식으로 호소한 강남수 베드로의 죽음과 대수천 이계성 대표의 애끓는 충정을 외면한 우리 교회가 너무 부끄럽습니다.

쌍날칼은 교회와 세상을 심판하는 복음이라고 합니다. 복음을 전하는 신부님! 이 쌍날칼을 들고 좌파의 나팔수가 된 사제들은 직분을 망각한 것이 아니라 사제의 직권을 남용하는 것입니다. 정치적인 사제들은 신자에게 상처를 줄 뿐더러 교세 확장에도 많은 지장을 초래합니다. 부디 본연의 임무에 돌아가길 빕니다.

오로지 5.18과 세월호의 망령에 휩싸여 종북 좌파정권에 부화뇌동하는 가톨릭교회의 주교단과 정의구현 사제단에 저는 분노합니다. 돈 한 푼 뇌물로 받지 않은 박근혜 대통령을 무한정 감금하고 있는 무자비한 정권과 자유주의 나라를 사회주의 국가로 만들려는 종북 좌파 세력의 음모에 저는 몸서리칩니다.

정치적 이념이 다른 당신에게도 앙칼진 마음과 적대감을 품는 저입니다. 그럼에도 불구하고, 진정한 화해와 평화를 찾기 위해 기도하는 오늘입니다.

후기

부득이하게 정치적인 정의구현 사제단의 인식에 맞섰다. 교회에 송구한 마음 금할 길 없다. 그러나 신자들도 무조건 사제의 뜻에 따르는 것이 그리스도를 따르는 것이라는 고정관념은 버려야 한다. 사제의 순수함이 공산주의의 그럴듯한 사상에 휩쓸린 것뿐이고 이를 선배 사제에게 이어받았기 때문에 정치 사제가 된 것이다.

지금까지 필자가 쏟아낸 정치 얘기는 그저 푸념에 지나지 않는다. 사람들의 정치 성향이 그리 쉽게 바뀌겠는가? 이미 정치가 국민을 좌우로 갈라놓았으니 양은 양 무리에 염소는 염소의 무리가 되어, 자기가 받은 DNA대로 따라갈 따름이다.

그래도 행여나 하는 마음으로 넋두리하였으니 마음을 열고 봤으면 한다. 하느님의 권위를 가진 사제가 강론 시간에 좌파 세력을 옹호하고 우파를 공격하는 발언을 서슴지 않게 하여 우파 성향의 신자를 아프게 한 경우가 많았다. 사제의 지나친 좌우 정치적 논리 때문에 믿음을 뒤로 한 채 떠나가는 신자를 보면 안타까운 마음뿐이다. 하루속히 그들이 웃으며 돌아올 날을 고대하고 희망찬 대한민국의 내일을 기약해 본다. 끝으로 여러분에게 주님 은총이 충만하고 참 평화가 깃들기를 기도한다.

2020년 9월에 맺다

맺음말

　지금까지 필자는 부족한 필력으로 『삼족오』를 써왔다. 어찌 보면 이 글이 지나치게 지루하고 교조적일 수도 있겠으나 그것은 오로지 굳은 믿음을 공유하기 위함이다.

　이 글의 출간을 망설이고 포기도 생각해 보았지만 숙명으로 알고 세상에 내놓는다. 그러나 십수 년간의 고찰로 얻어낸 다소 추상적인 글이 독자에게 너무 외지고 버거워 단 순간에 이해하기 어려울 것 같아 걱정이 앞선다. 그러나 지력을 다한 이 논고가 여러분에게 돌아가는 길을 찾는 이정표가 될 것을 확신한다. 아무쪼록 필자의 부족한 설명이 여러분에게 잘 전달되기를 희망한다.

　인간의 삶은 아름답고 또 살아볼 가치가 있기에 하느님의 아들들도 이 땅에 내려와 사람으로 살다 갔다. 우리도 아름다운 이 삶을 얼마든지 즐겁고 재미있게 살아갈 수 있다. 웃음은 웃고자 하는 사람만이 웃을 수 있고 즐거움도 즐기고자 하는 사람만이 즐길 수 있다.

　우리 신앙인은 정답을 보고 시험을 치르는 사람들과 같다. 이미 정답을 알고 있는 신앙인의 얼굴에는 그래서 기쁨과 여유가 넘친다. 분명 우리의 삶은 10점 만점에 10점이 될 것이다. 기원전 성인들이 죽음을 무릅쓰고 찾았던 그 도(道)가, 그로부터 500여 년 뒤에 오실 길이요 진리요 생명이신 그리스도이시다.

　모름지기 우리는 기도와 선업과 희생으로 그리스도를 따라간다면, 저 죽음을 각오하며 도를 구했던 성인들보다도 훨씬 더 쉽게 도를 얻을 것이다. 필자가 그리스도로 화룡점정을 하였으니 이제 여러분과 나 자신의 신앙생활에 생명나무의 기쁜 열매가 주렁주렁 맺히길 기원한다.

이 책『삼족오』는
내가 가진 모든 것입니다.
천금보다 소중하고 목숨보다 귀합니다.

역사와 신앙을 통해
배달민족의 긍지와 믿음을 품고
여러분 삶의 주인이 되기를 기원합니다

권선복
(도서출판 행복에너지 대표이사)

인간의 삶은 아름답고 또 살아볼 가치가 있습니다. 그렇기에 하느님의 아들들도 이 땅에 내려와 사람으로 살다 갔지요. 우리도 아름다운 이 삶을 얼마든지 즐겁고 재미있게 살아갈 수 있습니다. 인생은 웃고자 하는 사람만이 웃을 수 있고, 즐기고자 하는 사람만이 즐길 수 있는 곳입니다.

인생을 살아가기 위해 선행되어야 할 질문이 있습니다. 그것은 바로 '나는 누구인가?'라는 질문입니다. 이것은 인간의 실존에 관한 질문이고, 가장 철학적인 질문입니다. 이 책의 저자 황종구 선생님은 이 질문에 대한 답을 한민족의 역사와 신앙에서 찾고 있습니다. 역사와 신앙을 모르고서는 그 나라에 대해 알 수 없습니다. 『삼족오』는 인간 삶의 큰 주제를 역사와 신앙을 통해 간결하게 다루고 있는 책입니다.

이 책을 읽다 보면 자연스레 알게 될 것입니다. 인류가 오늘날까지 존속해올 수 있었던 이유는 바로 한님 덕분이라는 사실을 말입니다. 한님께서 사람을 만물의 영장으로 삼으시고, 말과 더불어 상상력을 주시어 인간의 지적 활동에 큰 날개를 달아 주셨습니다. 이 책 『삼족오』는 그 날개를 달고 인류의 시원을 찾아가는 긴 여정에서 쓰인 책입니다. 무쪼록 이 책을 읽는 독자 분들의 삶에 배달민족의 긍지와 믿음이 깃들기를 기원합니다.

맨땅에서 시작하는 너에게

이영훈 지음 | 값 15,000원

젊은 사회적 기업가 이영훈의 자전적 에세이인 이 책은 맨땅에서 인생을 시작하는 청춘들에게 미래에 대한 희망과 충만감을 심어 주는 받침대가 되어 줄 것이다. 어린 시절 아버지가 돌아가시고 어머니는 떠나버려 동생과 함께 고아원에서 자란 과거는 언뜻 아픈 상처처럼 느껴질 수도 있다. 하지만 그럼에도 불구하고 이영훈 저자는 자신의 인생을 통해 따뜻한 마음과 활발한 개척정신을 이야기하며 우리를 도닥여 준다.

산에 가는 사람 모두 등산의 즐거움을 알까

이명우 지음 | 값 20,000원

등산 안내서라기보다는 등산을 주제로 한 인문학 에세이라고 부를 수 있는 책이다. 등산의 정의와 역사를 소개하고, 등산이 가지고 있는 매력을 소개하는 한편 등산 중 만날 수 있는 유익한 산나물과 산열매. 야생 버섯과 꽃 등에 대한 지식도 담아 인문학적 요소, 문학적 요소, 실용적 요소를 모두 갖춘 등산 종합서적이라고 할 만하다.

꽃으로 말할래요

임영희 지음 | 값 15,000원

임영희 시인의 제4시집 『꽃으로 말할래요』는 '꽃'으로 상징되는 자연의 다양성과 그 생명력, 거기에서 느낄 수 있는 근원적 아름다움에 대한 갈망을 느낄 수 있는 작품이다. 오로지 '꽃'이라는 소재를 사용한 160여 개의 작품으로 이루어져 대한민국에서 유일한 '꽃' 시집임을 자부하는 임영희 시인의 『꽃으로 말할래요』는 우리가 오랫동안 잊고 있었던 미(美)에 대한 순수한 두근거림을 전달해줄 것이다.

내 손안의 1등 비서 스마트폰 100배 즐기기

박용기 외 8인 지음 | 값 25,000원

이 책은 스마트 사회에서 사각지대에 놓이기 쉬운 실버 세대들이 현대 사회의 필수 도구인 스마트폰을 쉽게 익혀 생활에 활용할 수 있도록 안내하고 있다. 스마트폰의 가장 기본적인 기능과 어르신들에게 꼭 필요한 앱을 중심으로 다루고 있으며 사진과 함께 큰 글씨로 쉬운 설명을 곁들여 누구나 금세 손에 익힐 수 있게 구성되어 있다. 특히 실버 세대의 니즈에 맞춘 스마트폰 기능에 초점을 두고 있는 것이 특징이다.

국회 국정감사 실전 전략서

제방훈 지음 | 값 22,000원

이 책 『국회 국정감사 실전 전략서』는 저자 제방훈 보좌관이 자신의 경험과 지식을 기반으로 엮어 낸 국회의원과 보좌관들의 국정감사 전략, 공무원들의 피감기관으로서 갖춰야 할 자세, 그리고 더 나은 국정감사를 위해 국회와 정부, 기업에 던지는 미래 제언을 담고 있다. 특히 정치에 관심을 가진 일반 국민들에게는 의회민주주의의 꽃이라고 할 수 있는 국정감사의 본질과 생생한 면모를 보여줄 수 있는 책이 될 것이다.

'행복에너지'의 해피 대한민국 프로젝트!
〈모교 책 보내기 운동〉

대한민국의 뿌리, 대한민국의 미래 **청소년·청년**들에게 **책**을 보내주세요.

많은 학교의 도서관이 가난해지고 있습니다. 그만큼 많은 학생들의 마음 또한 가난해지고 있습니다. 학교 도서관에는 색이 바래고 찢어진 책들이 나뒹굽니다. 더럽고 먼지만 앉은 책을 과연 누가 읽고 싶어 할까요? 게임과 스마트폰에 중독된 초·중고생들. 입시의 문턱 앞에서 문제집에만 매달리는 고등학생들. 험난한 취업 준비에 책 읽을 시간조차 없는 대학생들. 아무런 꿈도 없이 정해진 길을 따라서만 가는 젊은이들이 과연 대한민국을 이끌 수 있을까요?

한 권의 책은 한 사람의 인생을 바꾸는 힘을 가지고 있습니다. 한 사람의 인생이 바뀌면 한 나라의 국운이 바뀝니다. **저희 행복에너지에서는 베스트셀러와 각종 기관에서 우수도서로 선정된 도서를 중심으로 〈모교 책 보내기 운동〉을 펼치고 있습니다.** 대한민국의 미래, 젊은이들에게 좋은 책을 보내주십시오. 독자 여러분의 자랑스러운 모교에 보내진 한 권의 책은 더 크게 성장할 대한민국의 발판이 될 것입니다.

도서출판 행복에너지를 성원해주시는 독자 여러분의 많은 관심과 참여 부탁드리겠습니다.

도서출판 **행복에너지** 임직원 일동